어린이를 위해
어린이가 뭉쳤다

열두 살에 어린이 인권 단체를 만든 크레이그 킬버거

어린이를 위해 어린이가 뭉쳤다

글 김하연 | 그림 이해정

초록개구리

차례

1. 위기의 도서관 --- 7

2. 스러진 꽃, 이크발 마시 --- 17

3. 어린이에게 자유를! --- 23

4. 가슴에 새겨진 질문 --- 32

5. 선택의 순간 --- 46

6. 도전을 위한 준비 --- 55

7. 낯선 세상 속으로 --- 63

8. 가난하고 행복한 사람들 --- 72

9. 첫 시위 - - - 80

10. 마더 데레사를 만나다 - - - 91

11. 나가시르의 노래 - - - 103

12. 어린이 노동자와 함께한 기자 회견 - - - 114

13. 총리와의 15분 - - - 124

14. 이크발 앞에서 - - - 140

15. 지금부터 시작! - - - 149

뒷이야기 - - - 162

일러두기
* 이 책은 크레이그 킬버거가 쓴 책 중 《Free the children》,《세상은 당신의 아이를 원한다》, 《나에서 우리로》, 자선 단체 WE 홈페이지, 남아시아 투어 동영상 등을 참고하여 집필했다.
* 크레이그가 어린이 인권 단체를 만든 열두 살 때 이야기를 담고 있어, 이야기의 배경이 1995년~1996년이다.

1
위기의 도서관

수업이 끝나자마자 서둘러 책가방을 꾸렸다. 오늘은 갤러너프 공공 도서관에 새 책이 들어오는 날이다. 반질반질한 표지와 빳빳한 책장을 떠올리자 가슴이 뛰었다. 그때 친구들이 내 자리로 몰려들었다.

"크레이그, 축구하러 가자!"

나는 책가방을 어깨에 걸치며 대꾸했다.

"미안, 오늘은 도서관에 가야 해."

"에이, 그러지 말고. 한 게임만!"

"내일 꼭 하자!"

나는 갤러너프 공공 도서관으로 서둘러 달려갔다. 그곳은 내가 우리 동네에서 가장 좋아하는 곳이다. 나는 그날도 가방이 꽉 차도록 새 책을 빌려왔다. 그리고 졸린 눈을 부릅뜨고 밤늦게까지 책을 읽었다.

그로부터 1주일 뒤, 학교에서 도무지 이해할 수 없는 소식을 들었다. 나는 학교에서 돌아오자마자 책가방을 소파에 아무렇게나 내던졌다.
엄마가 못마땅한 얼굴로 말했다.
"책가방이 있어야 할 자리는 소파가 아닌 것 같은데?"
나는 소파에 몸을 깊숙이 묻었다.
"크레이그, 엄마 말 안 들리니?"
"죄송해요, 엄마. 좀 이따 치울게요."
엄마는 내 앞에 팔짱을 끼고 섰다.
"아니, 지금 해. 네 방에 가져다 놓고 다시 내려오렴. 무슨 일 때문에 그렇게 화가 났는지 들려주면 좋겠어."
"말한다고 해결될 문제가 아니에요."
엄마는 씩 웃었다.
"세상에 해결하지 못할 문제는 없어. 어떤 문제에도 방법은 있단다."

2층에 있는 내 방으로 올라가 책가방을 침대 위에 던졌다. 애꿎은 책가방에 분풀이를 해도 기분은 조금도 나아지지 않았다. 거실로 돌아오자 엄마가 시원한 레모네이드를 건네주었다.

"자, 쭉 들이켜고 무슨 일인지 이야기해 보렴."

나는 새콤한 맛에 얼굴을 찡그리며 입을 열었다.

"선생님이 그러시는데, 갤러너프 공공 도서관이 곧 문을 닫는대요. 제가 걸어서 갈 수 있는 도서관은 그곳뿐이에요. 이제 어디에서 책을 빌려 보죠? 저 말고도 많은 친구들이 그 도서관을 좋아해요. 도서관을 자주 드나드는 사람들의 의견은 듣지도 않고 왜 갑자기 문을 닫는 거예요? 엄마, 전 이해할 수가 없어요."

"속상하겠구나, 크레이그. 엄마도 네가 그 도서관을 얼마나 좋아하는지 알아. 그럼 이제 어떻게 하면 좋겠니?"

"어떻게 하긴요, 엄마. 제가 뭘 어쩌겠어요?"

"어떤 문제에도 방법은 있다고 했지? 네가 할 수 있는 일을 찾아봐."

나는 가만히 생각에 잠겼다.

"음…… 도서관을 닫지 않으면 좋겠다고 제 의견을 말하고 싶어요. 그런데…… 누구한테 얘기하면 되죠?"

"이 방이 맞아?"
데이비드가 속삭였다. 잭이 말했다.
"'도서관 관련 회의'라고 문에 쓰여 있잖아. 벌써 회의를 시작한 것 같아. 누가 먼저 들어갈래?"

잭과 데이비드가 나를 물끄러미 바라봤다. 굳게 닫힌 문 앞에 서자 자전거를 타고 자신만만하게 달려왔던 마음이 순식간에 작아졌다.

나는 침을 꿀꺽 삼켰다. 그리고 똑똑똑 문을 세 번 두드렸다. 부모님이 했던 말이 떠올랐다.

'아무리 화가 났더라도, 다른 사람에게 자기 의견을 말할 때는 예의를 지켜야 해.'

안에서는 아무런 소리도 나지 않았다. 아까보다 조금 더 세게 문을 두드렸다. 안에서 어렴풋이 들어오라는 소리가 들리는 듯했다. 나는 살며시 문을 열었다.

안에 펼쳐진 광경을 보자 다시 한 번 용기가 꺾였다. 옷을 그럴듯하게 차려입은 어른들이 기다란 탁자 앞에 앉아 있었다. 어른들 앞에는 여러 서류들이 널브러져 있었다. 어른들은 어리둥절한 얼굴, 혹은 찌푸린 얼굴로 우리를 바라보았다.

그중 동그란 안경을 쓴 남자가 말했다.

"방을 잘못 찾아온 것 같구나. 1층 안내 데스크로 가 보렴."

잭과 데이비드가 나를 흘끔거렸다. 심장이 터질 듯이 뛰었지만, 또박또박 말하려고 애쓰며 입을 열었다.

"아…… 아니요, 선생님. 마…… 맞게 찾아온 것 같아요. 전 크…… 크레이그 키…… 킬버거예요. 이 친구들은 재…… 잭과 데…… 데이비드고요. 우리 반에서 개…… 갤러너프 공공 도서관을 가장 사랑하는 친구들이죠. 저…… 저희에게 도서관에 대해 말할 기회를 주시겠어요?"

말을 마치자 긴 한숨이 절로 나왔다. 사실 나는 말을 잘하는 편이 아니었다. 긴장할 때면 더더욱 안 좋았다. 몇몇 발음은 마음먹은 대로 나오지 않았다. 우습게도 내 이름을 발음할 때가 가장 힘들었다. 게다가 발음도 안 좋으면서 말을 너무 빨리한다고 선생님들에게 종종 지적을 받았다.

동그란 안경을 쓴 남자는 다행히 이렇게 말했다.

"빈자리에 앉아서 편하게 말해 보렴."

나와 친구들은 빈 의자에 앉았다. 어떤 사람은 재미있다는 듯이 우리를 바라보았다. 짜증스런 눈빛으로 손목시계를 내려다보는 사람도 있었다.

"지…… 지금까지 저와 제 친구들은 개…… 갤러너프 공공 도서관에 자주 갔어요. 도…… 도서관에서 다 같이 숙제를 하기도 하고, 책을 읽기도 했지요. 책을 잔뜩 빌려오기도 했고요. 하지만 여기 계신 분들은 도서관에서 한 번도 못 본 것 같아요. 그러니까 제 말은…… 저희도 여러분 못지않게 도서관에 대해 잘 안다는 뜻이에요."

안경 쓴 남자가 살짝 웃음 지었다. 여전히 떨렸지만 그 웃음을 보자 아까보다 용기가 났다.

"저희 부모님은 일을 하세요. 잭과 데이비드의 부모님도 마찬가지고요. 부모님이 집에 돌아오실 때까지 저희는 축구도 하고, 스케이트도 타요. 쇼핑몰에 구경을 가기도 하고요. 하지만 우리가 가장 좋아하는 곳은 갤러너프 공공 도서관이에요. 특히 날씨가 춥거나 눈비가 올 때면 도서관만큼 좋은 곳이 없죠. 그런데 이 도서관이 없어진다는 소식을 들었어요. 저희는 화가 났어요. 도서관이 왜 없어지는지 아무도 저희에게 설명해 주지 않았거든요. 도서관을 자주 드나드는 아이들의 생각은 한 번도 물어보지 않았으면서, 이렇게 갑자기

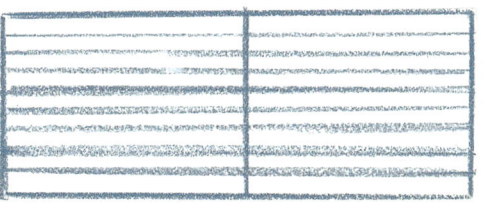

도서관을 없애는 건 옳지 않다고 생각해요."

어른들은 아무 말도 하지 않았다. 각자 생각에 잠긴 모습이었다.

"어른들은 아이들에게 텔레비전을 많이 보지 말라고 해요. 텔레비전보다는 책이 훨씬 좋다고 하지요. 하지만 도서관이 없어진다면, 이제 저희는 집에 틀어박혀 텔레비전이나 봐야 할 거예요."

내가 준비해 온 말은 거기서 끝났다. 땀이 축축이 밴 손바닥을 청바지에 슬그머니 문질렀다. 이빨이 딱딱 부딪히는 모습을 들키지 않으려고 입을 꽉 다물었다. 그때, 생각지도 못한 소리가 회의장에 울려 퍼졌다. 누군가 박수를 치기 시작한 것이다! 박수 소리는 점점 커졌다. 거기 모인 사람 모두가 우리에게 박수를 보내고 있었다. 나는 얼떨떨한 얼굴로 자리에서 일어나 고개를 숙였다.

안경 쓴 남자가 말했다.

"이야기 잘 들었다, 크레이그. 네 의견은 꼭 참고하마."

우리는 사람들에게 인사를 한 뒤 회의장을 도망치듯 빠져나왔다. 문이 닫히자마자 우리는 호들갑스럽게 떠들었다.

"우아, 진짜 떨렸어!"

"너, 생각보다 말 잘하던데?"

"멋지다, 크레이그!"

그때 어떤 여자가 회의장에서 나오더니 우리에게 서둘러 다가왔다.

"얘들아, 잠깐! 난 갤러너프 공공 도서관을 지키려는 모임에서 일하고 있어. 도서관이 없어지는 걸 안타까워하는 사람이 너희뿐만은 아니란다. 혹시 아까 했던 이야기를 시 의회에서도 해 줄 수 있을까?"

눈이 휘둥그레졌다.

"시 의회라고요? 제가요?"

집에 돌아오자마자 나는 아까 일을 자세하게 이야기했다. 부모님은 매우 기뻐했다. 아빠가 말했다.

"많이 떨렸을 텐데. 네가 정말 대견하다, 크레이그."

형 마크도 말했다.

"제법인데, 꼬맹이?"

나는 형을 살짝 흘겨본 뒤 말했다.

"시 의회에 가는 건 어떻게 생각하세요? 가도 돼요?"

엄마가 물었다.

"네 생각은 어떤데?"

대답이 선뜻 나오지 않았다. 사람들 앞에서 말을 더듬었던 생각이 났기 때문이다. 시 의회라면 사람들도 훨씬 많을 테고, 분위기도 아까보다 무거울 터였다. 하지만 아까 들었던 박수 소리를 떠올리자 조금 용기가 났다. 도서관이 없어진다는 소식을 듣고 방 안에 앉아 화만 냈더라면 아무것도 달라지지 않았을 것이다. 하지만 엄마 말처럼 문제를 해결할 방법을 생각하고 직접 행동에 옮기자, 또 다른 기회가 주어졌다. 도서관을 살릴 수 있는 기회가.

"음…… 가서 이야기해 보고 싶어요. 도서관을 구할 수만 있다면요."

엄마는 흐뭇하게 나를 바라봤다.

"그럼 당연히 해야지! 결정은 언제나 네 몫이야."

2
스러진 꽃, 이크발 마시

"크레이그, 마크! 얼른 아침 먹어! 학교 늦겠다!"

"알았어요, 엄마!"

우리는 한목소리로 대답한 뒤 후다닥 식탁 앞에 앉았다. 형이 우유에 시리얼을 쏟는 동안 나는 신문을 내 앞으로 끌어당겼다. 당연히 만화를 찾아보기 위해서였다. 나는 이야기책 못지않게 만화도 좋아했다. 신문이나 잡지에 우스꽝스러운 만화가 실리면 오려서 집 안 여기저기에 붙여 놓았다. 가족들은 내가 붙여 놓은 만화를 보고 깔깔거렸다.

형이 말했다.

"또 만화 찾게? 얼른 아침이나 먹어!"

"나도 알아, 잠깐만!"

신문 1면에서 내 눈길이 멈추었다. 주황색 조끼를 입고 작은 주먹을 높이 치켜든 한 남자아이의 사진이 실려 있었다. '어린이 노동을 반대하던 열두 살 소년, 살해되다!'라는 제목이 큰 글씨로 쓰여 있었다. 어린이 노동? 태어나서 처음 들어 보는 말이었다.

나는 큰 소리로 기사를 읽기 시작했다.

"파키스탄 소년 이크발 마시는 네 살 때 카펫 공장에 노예로 팔려 갔다. 이크발을 판 사람은 친부모였다. 그 뒤로 5년 동안, 이크발은 족쇄를 찬 채 카펫 직조기 앞에 앉아 하루에 열 시간이 넘도록 카펫을 만드는 데 쓸 작은 매듭을 묶었다. 아홉 살이 되어서야 이크발은 카펫 공장에서 빠져나왔다. 이크발은 그 뒤로 세계 곳곳을 돌아다니며 어린이 노동을 반대하는 시위를 벌였다. 지난 일요일, 파키스탄 무리드케의 한 마을에서 이크발은 자전거를 타고 가다가 총에 맞아 숨졌다. 이크발에게 앙심을 품은 카펫 공장 사람이 있는지 조사 중이다."

형이 중얼거렸다.

"친부모가 팔았다고? 어떻게 자기 아들을 노예로 팔지?"

머릿속이 하얗게 변했다. 도저히 믿을 수 없는 기사였다.

"엄마, 이게 진짜예요? 이렇게 사는 아이들이 정말 있다고요?"

엄마 얼굴도 어두웠다.

"그래, 크레이그. 인도나 파키스탄, 방글라데시 같은 나라에서는 어린이들도 그렇게 힘든 일을 한단다."

"이크발은 열 시간씩 카펫 매듭을 묶었대요. 왜 어른 일꾼을 쓰지 않아요?"

"아이들은 손이 작아서 작은 매듭을 만들기 쉽거든. 그리고……."

엄마는 가슴이 아픈 듯 잠시 말을 멈췄다.

"아이들은 두려워서 공장에서 도망치지도 못하고, 어른보다 말도 잘 들으니까. 어린이 노동이 궁금하면 직접 조사해 보렴. 도서관에 가면 정보를 찾을 수 있을 거야."

이크발의 이야기는 학교에서도 내 머릿속을 떠나지 않았다. 도대체 어떤 부모가 자기 아이를 노예로 팔아 버린단 말인가? 어린아이들을 그렇게 가혹하게 부리는 사람은 누구란 말인가?

선생님이 미국 남북 전쟁의 역사와 전쟁을 승리로 이끈 대통령 에이브러햄 링컨에 대해 이야기했다. 링컨은 전쟁이 끝나고 노예 제도를 폐지했다. 모두 130여 년 전에 일어난 일이었다. 하지만 오늘 본 신문에서는 이 세상에 아직도 노예가 있다고 했다. 그것도 네 살밖에 안 된 어린이 노예가.

나는 수업이 끝나자마자 갤러너프 공공 도서관으로 달려갔다. 많은 주민들의 반대로 다행히 도서관은 문을 닫지 않기로 했다. 사서 선생님의 도움을 받아 어린이 노동에 대한 기사가 실린 잡지와 신문을 찾아보았다. 아침에 받았던 충격은 도서관에서도 이어졌다. 인도, 파키스탄, 방글라데시, 타이 같은 나라에서는 어린이들이 온종일 일을 한다고 했다. 그것도 카펫 공장, 폭죽 공장 같은 곳에서. 그 아이들은 학교에 다니지도 못하고, 제대로 먹지도 못하고, 친구들과 놀 수도 없었다.

그 나라 어른들은 왜 아이들에게 일을 시킬까? 물론 가난하기 때문일 것이다. 그렇다면 부유한 나라들은 왜 그 아이들을 도와주지 않을까? 가진 것을 조금만 나누어 준다면 그 아이들을 도울 수 있지 않을까?

엄마는 어떤 문제든 해결할 방법이 있다고 했다. 도서관에 앉아 내가 할 수 있는 일들을 생각해 보기 시작했다. 행동하지 않으면 아무것도 바꿀 수 없다는 것을 나는 이미 잘 알고 있었다.

3
어린이에게 자유를!

어린이 노동에 대해 좀 더 조사하는 동안 나는 '청소년 실천 네트워크'라는 단체를 알게 되었다. 그 단체는 곧 박람회를 열 예정이었다. 박람회 주제와 맞는 전시라면 어떤 어린이·청소년 단체도 참여할 수 있었다.

생각해 보니 그곳에서 어린이 노동에 대해 전시할 수 있을 것 같았다. 나는 그 단체에 전화를 걸었고, '알람 라만'이라는 남자와 이야기를 나누었다. 알람은 친절했고, 내 말에 귀를 기울여 주었다. 나는 알람에게 이크발 마시 이야기를 했다.

"내 국적은 캐나다지만, 우리 부모님은 방글라데시에서

태어났어. 어린이 노동자들에 대한 이야기는 나도 잘 알고 있단다."

"어린이 노동에 대해 알아보다가 이 세상에 수많은 인권 단체들이 있다는 걸 알게 됐어요. 어린이와 청소년을 위한 단체들도 참 많더라고요. 어린이 노동자들을 위한 단체도 있고요. 하지만 그 단체 사람들은 다 어른이에요. 어린이 노동자들의 마음을 가장 잘 이해할 수 있는 사람은 저 같은 어린이들 아닐까요?"

알람을 한 번도 만나 본 적은 없지만, 알람이 진지하게 고개를 끄덕이는 모습이 눈앞에 그려졌다.

"네 말이 맞아. 인권 단체 사람들은 대부분 어른이지."

"음…… 이런 생각을 해 봤어요. 학교 친구들에게 이크발 이야기를 해 보면 어떨까요? 다른 친구들이 힘을 보태 주면 더 좋을 것 같아요."

"멋진 생각이다, 크레이그. 한번 도전해 봐! 좋은 소식 기다릴게."

다음 날 아침, 담임 선생님에게 말했다.

"친구들에게 꼭 들려주고 싶은 이야기가 있어요. 저에게

10분만 시간을 주시면 안 될까요?"

선생님이 눈을 반짝였다.

"무슨 얘기인지 살짝 귀띔해 줄래?"

이크발의 이야기를 들려주자, 선생님은 흔쾌히 허락했다. 수업을 시작하기 전, 선생님이 반 아이들에게 말했다.

"크레이그 킬버거가 여러분에게 꼭 하고 싶은 이야기가 있다고 해요. 뜻 깊은 시간이 될 거라 믿어요. 크레이그의 이야기를 잘 들어 주세요."

나는 집에서 준비해 온 신문 복사본 뭉치를 들고 교탁 쪽으로 걸어갔다. 아이들은 대부분 나를 조용히 쳐다보았지만, 짓궂게 휘파람을 부는 아이도 있었다. 할 말을 충분히 연습해 왔지만, 떨려서 이빨이 딱딱 부딪히기 시작했다.

"지…… 지난 수요일에 나온 신문입니다. 이 기사를 본 친구들이 있을지도 모르겠어요."

나는 아이들에게 신문 복사본을 나누어 주었다. 아이들의 눈동자가 바쁘게 움직였다. 나는 잠시 기다렸다 이야기를 시작했다. 아니나 다를까, 이번에도 말이 제대로 나오지 않았다.

"이크…… 이크발 마시는 네 살 때 카…… 카펫 공장에 팔려 가 5년 동안 그곳에서 자…… 작은 매듭을 묶었습니다. 하…… 학교에 다닐 수도, 친구들과 놀 수도 없었습니다. 이크…… 이크발은 장난감이 뭔지도 몰랐을 거예요."

나는 잠시 말을 멈추고 숨을 골랐다. 내 앞에 있는 아이들은 늘 함께 공부하고 놀던 친구들이라고 스스로에게 속삭이며 다시 이야기를 시작했다.

"부모님과 선생님은 우리에게 종종 이렇게 묻습니다. 나중에 뭐가 되고 싶냐고요. 이크발은 그런 질문을 받아 본 적이 없을 겁니다. 누가 그런 걸 묻더라도, 생각해 보고 싶지도 않았겠죠. 내일 자신을 기다리는 건 그저 힘든 노동뿐이었으니까요. 다행히 이크발은 카펫 공장에서 빠져나왔습니다. 하지만 겨우 앞날을 꿈꿀 수 있을 자유를 얻었을 때, 이크발은 살해당했습니다."

나는 친구들의 얼굴을 바라봤다. 놀란 아이도 있었고, 화가 난 듯 얼굴을 찡그린 아이도 있었다. 이크발의 사진을 멍하니 내려다보는 아이도 있었다.

"이 기사를 보기 전까지는 그런 일이 있을 거라고 상상도 하지 못했어요. 제가 조사한 바에 따르면, 전 세계에는 수많은 어린이 노동자들이 있습니다. 제가 일을 하는 대신 학교에 다니는 건 그저 운이 좋았기 때문입니다. 그 나라에서 태어났더라면 저도 공장에서 일을 하거나, 거리에서 구걸을 하고 있었을 것입니다. 저는 앞으로 어린이 노동에 대해 더 많이 공부하고, 어린이 노동자들을 도울 방법을 찾아볼 생각입니다."

나는 잠시 기다렸다. 그러고는 힘주어 물었다.

"저와 함께할 친구가 있나요?"

한 명이라도 손을 들게 해 달라고 기도할 틈도 없이, 누군가의 손이 번쩍 올라왔다. 이어서 수많은 손들이 여기저기서 튀어나왔다. 서른 명 중 열여덟 명이 손을 든 것이다! 나는 그 믿을 수 없는 모습을 잠시 멍하니 바라봤다. 그러다 가져온 수첩에 그 아이들의 이름을 허둥지둥 적었다.

그날 저녁, 손을 들었던 아이들 중 열두 명이 우리 집에 모였다. 이제 더 이상 혼자가 아니었다!

"정말 고마워. 어제 저녁까지만 해도 혼자 끙끙거리고 있었는데 아직도 믿을 수가 없어. 우리가 힘을 모으면 더 큰 일을 할 수 있을 거야."

마릴린이 물었다.

"우리가 무슨 일을 할 수 있을까?"

"이번 주 금요일에 청소년 실천 네트워크라는 단체가 박람회를 열어. 그곳에서 어린이 노동에 대해 전시하면 좋을 것 같아."

패트릭이 외쳤다.

"금요일이라고? 이틀밖에 안 남았잖아!"

"시간이 부족하긴 하지만, 내가 틈틈이 자료를 찾아둔 게 있어."

마릴린이 말했다.

"좋아, 해 보자!"

친구들은 내가 모은 자료를 꼼꼼히 살펴봤다. 그리고 커다랗고 단단한 보드지에 눈에 띌 만한 자료를 하나씩 붙였다. 그림을 잘 그리는 패트릭은 스케치북에 힘들게 일하는 아이들의 모습을 그렸다.

내가 말했다.

"그곳에 온 사람들에게 어린이 노동자들이 얼마나 많은지, 그 애들이 얼마나 힘들게 일하는지 알리자. 어린이 노동에 대해 아는 사람이 늘어날수록 그 애들도 도움을 많이 받을 수 있을 거야."

열심히 그림을 그리던 패트릭이 말했다.

"다른 인권 단체들은 이름이 있잖아. 우리도 이름을 짓자! 간단하면서도 들었을 때 어린이 노동자들을 위한 단체라는 걸 알 수 있게."

모두 찬성했다. 하지만 마음에 쏙 드는 이름을 찾기란 쉬운 일이 아니었다.

"우리에게 사랑을 주세요!"

"어린이를 위해 어린이가 떴다!"

"어린이 노동 반대 연합!"

"사랑과 학교와 놀이를!"

어떤 이름은 너무 길고, 어떤 이름은 너무 딱딱했다. 그때 이름 하나가 머릿속을 빠르게 스쳐갔다.

"'어린이에게 자유를(Free The Children)'은 어떨까? 줄여서 FTC!"

친구들은 내가 말한 이름을 중얼거리며 잠시 생각에 잠겼다. 마릴린이 외쳤다.

"좋은데? 어린이에게 자유를! FTC!"

다른 친구들도 고개를 끄덕였다. 우리는 박수를 치며 웃음을 터뜨렸다. 단체 이름만 정했을 뿐인데, 어린이 노동자

들을 위해 큰일이라도 해낸 기분이었다.

방문을 두드리는 소리가 났다. 엄마가 고개를 쑥 들이밀었다.

"얘들아, 피자 먹을래?"

우리는 한목소리로 외쳤다.

"네!"

어린이 노동자들을 위한 어린이 단체 FTC는 그렇게 탄생했다. 우리가 앞으로 얼마나 놀라운 일들을 벌일지 그때는 아무도 상상하지 못했다.

4
가슴에 새겨진 질문

 박람회장에 도착한 우리는 배정받은 부스로 가서 준비해 온 자료를 진열했다. 신경 쓰지 않으려 했지만 다른 단체 부스를 흘끔거리지 않을 수 없었다. 다른 단체들이 만든 홍보 자료는 우리 것보다 훨씬 세련돼 보였다. 자료를 붙여 놓은 보드지도 훨씬 크고 번듯했다. 심지어 어떤 단체는 활동 내용을 담은 책과 영상 자료도 있었다.

 하지만 어린이들로만 이루어진 단체는 아무리 둘러봐도 우리뿐이었다. 우리는 어른의 도움을 전혀 받지 않고 이틀 만에 모든 것을 준비했다. 도와준 어른이 있다면, 우리를 이곳까지 태워다 준 아빠뿐이었다.

곧 많은 사람들이 박람회장으로 밀려들었다. 우리는 사람들에게 이크발 마시에 관한 자료를 나누어 주었다. 그리고 관심을 보이는 사람들에게 어린이 노동자들에 대해 설명했다. 한 남자가 우리의 홍보지를 주의 깊게 바라보았다.

"선생님은 어디 계시니? 잠깐 이야기를 나누고 싶은데."

마릴린이 당당하게 말했다.

"FTC는 어린이들로만 이루어져 있어요. 저희한테 말씀하시면 돼요."

남자는 꽤 놀란 눈치였다. 하지만 우리를 대견해하기보다는 못미더워하는 것 같았다. 남자는 곧 다른 부스로 발길을 돌렸다.

마릴린이 어깨를 으쓱했다.

"앞으로 저런 표정을 꽤 많이 보게 될 것 같아."

내가 말했다.

"어른들은 우리가 자기들보다 똑똑하지 못하다고 생각하나 봐. 이런 사회적인 문제에 끼어들기에는 너무 어리다고 생각하는 거지."

그때 뒤쪽에서 귀에 익은 목소리가 들렸다.

"안녕, 얘들아. 크레이그 킬버거를 찾고 있는데."

물결치는 듯한 검은 머리에 까무잡잡한 피부, 까맣고 커다란 눈과 짙은 눈썹을 한 마른 남자가 패트릭 옆에 서 있었다.

"알람! 여기 온다는 말 안 했잖아요!"

알람이 나를 보며 씩 웃었다.

"안 온다는 말도 안 했는걸. 직접 보니 반갑구나, 크레이그. 생각보다 잘생겼는데?"

"알람도 생각보다 젊어요!"

"물론이지. 얼마 전에 대학을 졸업했는걸."

친구들이 나와 알람을 어리둥절하게 바라보았다. 나는 친구들에게 알람을 정식으로 소개했다.

"이분은 인권 운동가 알람 라만이야."

알람은 친구들과 악수를 나누었다.

"인권 운동가라는 말은 너무 거창하다. 나보다 힘들게 살아가는 사람들을 위해 일할 뿐이야."

"알람이 지금까지 나를 많이 도와주었어!"

알람이 나와 친구들을 뿌듯한 얼굴로 바라봤다. 아까 만났던 남자와는 전혀 다른 표정이었다.

"너희들은 아주 훌륭한 일을 하고 있어. 그러니 언제나 자

부심을 가지렴."

알람은 나를 보며 눈을 찡긋했다.

"앞으로도 널 많이 도울 생각이야, 크레이그."

그 뒤로 두 달 동안, 우리는 열심히 일했다. 수업이 끝나면 날마다 우리 집에 모였다. 우리는 세계의 수많은 인권 단체에 편지와 팩스를 보내 어린이 노동에 대한 자료를 부탁했다. 그리고 우리가 FTC라는 단체를 만들었다는 사실을 알렸다. 우리 집 팩스는 밤낮 없이 삑삑 소리를 내며 자료를 쏟아냈다. 우편으로 오는 자료도 많았다. 우리는 자료를 일일이 살펴보고 중요한 것들은 파일에 따로 모았다.

마릴린이 말했다.

"자료는 이제 충분히 모은 것 같아. 다음에는 뭘 하지?"

잭이 대답했다.

"더 많은 사람들에게 어린이 노동에 대해 알려야 해."

패트릭이 제안했다.

"새로운 자료를 가지고 홍보지를 다시 만들자. 거리에서 홍보지를 나누어 주며 캠페인을 벌이면 어떨까?"

내가 덧붙였다.

"아시아 나라의 정부에도 편지를 보내자. 어린이들이 공장에서 일하지 않게 해 달라고."

아이들은 FTC가 어떤 일을 하면 좋을지 자신의 의견을 열심히 내놓았다. 마릴린이 말했다.

"이크발 마시 이야기를 처음 들었을 때 얼마나 놀랐는지 몰라. 우리 부모님은 인도 분이라, 나는 다른 아이들보다 남아시아 나라를 잘 안다고 생각했어. 하지만 그렇게 고되게 일하는 어린이들이 있을 줄은 꿈에도 몰랐지. 크레이그가 우리에게 이크발 이야기를 들려줬을 때처럼, 우리도 다른 학교 아이들에게 이런 이야기를 직접 들려주면 어떨까?"

모두가 마릴린의 생각에 찬성했다. 우리는 가까이 있는 몇몇 학교에 편지를 보냈다. 10분만 이야기할 시간을 내어 달라고 말이다. 그로부터 1주일 뒤, 한 초등학교에서 연락이 왔다. 나와 애슐리, 밴스는 아이들에게 나눠 줄 홍보지와 FTC 포스터를 끌어안은 채 아빠 자동차에 올랐다. 우리가 학교에 도착하자 한 선생님이 우리를 반갑게 맞이했다.

"어서 와라, 얘들아. 아이들이 꼭 알아야 할 이야기인 것 같아서 너희들을 초대했어. 편하게 얘기하렴. 시간은 얼마든지 써도 좋아."

선생님은 친절했지만, 떨리는 건 어쩔 수 없었다. 과연 이곳 아이들도 우리 반 친구들처럼 어린이 노동자 이야기에 귀를 기울여 줄까? 나는 마음을 가다듬고 밴스와 애슐리에게 속삭였다.

"준비했던 대로만 하면 돼. 잘할 수 있어."

밴스가 먼저 교탁 앞에 섰다. 밴스는 FTC를 소개한 뒤, 이크발 마시 이야기를 들려주었다. 슬픈 이야기에 교실 안은 조용해졌다.

다음은 애슐리 차례였다.

"이 세상에는 이크발 같은 수많은 어린이 노동자들이 있습니다. 이스와리스란 아이는 폭죽 공장에서 튜브에 유황과 목탄 넣는 일을 했어요. 마스크, 장갑 같은 보호 장비는 전혀 없었지요. 폭죽 공장에서는 폭발 사고가 자주 일어났지만 소화기 하나조차 없었습니다. 그래도 이스와리스는 묵묵히 일했어요. 여덟 살 난 여동생도 같은 일을 했고요. 어느 날 이스와리스가 일하는 공장에서 폭발 사고가 일어났습니다. 이스와리스는 온몸에 심한 화상을 입었지요. 여동생은 목숨을 잃었고요. 지금 이 순간에도 남아시아의 여러 나라에서는 여러분보다 어린 아이들이 그렇게 살아가고 있습니다."

내가 말했다.

"국제 노동 단체에 따르면, 전 세계에 있는 어린이 노동자는 무려 2억 5천만 명이나 된다고 합니다. 미국 인구와 맞먹는 숫자예요. 어린이 노동자들은 학교에 다니지도 못하고, 제대로 먹지도 못합니다. 일하다 화장실에 갈 때조차 감시하는 사람이 따라간다고 합니다. 일터에서 도망치지 못하도록요."

한 아이가 손을 번쩍 들었다.

"그 어린이들을 도우려면 어떻게 해야 돼요?"

"전 세계 많은 기업에서 어린이 노동자를 부려서 제품을 만듭니다. 그런 기업에 편지를 보내서 어린이들을 고용하지 말라고 이야기할 수 있습니다. 남아시아 나라의 정부에 어린이들을 공장 대신 학교에 보내 달라는 탄원서를 보낼 수도 있고요. 또 용돈을 모아서 어린이 노동자를 위한 인권 단체에 기부할 수도 있습니다."

다른 아이가 손을 들었다.

"이크발 마시를 죽인 사람은 어떻게 되나요? 아직 범인을 잡지 못했다고 들었어요."

밴스가 말했다.

"범인을 꼭 잡아야겠죠. 이크발을 죽인 사람을 잡아 달라고 편지를 쓴 뒤, 친구들의 서명을 덧붙여 파키스탄 정부에 보낼 수도 있어요."

내가 말했다.

"저희는 어린이 노동자들을 위해 꾸준히 노력할 것입니다. 저희가 하는 일에 관심 있는 친구들은 언제든지 연락 주세요."

우리는 열렬한 박수를 받으며 교실을 나왔다. 그리고 다른 교실을 돌며 같은 이야기를 했다. 우리가 네 번째 교실에서 나왔을 때, 맨 처음 갔던 반의 선생님이 우리에게 달려왔다. 선생님은 종이 한 묶음을 내밀었다.

"아이들이 만든 거야. 이크발 마시를 그린 그림도 있고, 정부나 기업에 보내는 편지도 있단다. 부디 도움이 되면 좋겠구나."

애슐리가 말했다.

"고맙습니다, 선생님. 아이들에게도 고맙다고 꼭 전해 주세요!"

나는 아이들이 준 선물을 조심스럽게 품에 안았다. 가슴이 너무나 벅차올라서 아무 말도 할 수가 없었다.

우리는 조금씩 유명해졌다. 우리 이야기를 들은 많은 아이들이 편지를 보내 왔고, 다른 학교에서도 초대를 받았다. 학부모와 선생님으로 이루어진 교육 협회, 교회나 성당 같은 종교 단체에서도 우리 이야기를 듣고 싶어 했다. 우리는 부르는 곳이라면 어디든 기꺼이 달려가 어린이 노동자들의 이야기를 전했다.

5월이 끝나 갈 무렵, 우리는 토론토에 있는 한 고등학교에 가게 되었다. 지금까지 주로 초등학생들 앞에 섰던 걸 생각하면 놀라운 발전이었다.

나와 마릴린과 애덤은 자신만만한 얼굴로 교실로 들어갔다. 5월인데도 한여름 같았다. 창문을 활짝 열어 놓았지만, 그래도 덥기는 마찬가지였다. 서른 명 정도 되는 학생들이 교복 넥타이를 느슨하게 푼 채 우리를 바라보았다. 무더위에 학생들의 표정은 나른했지만 눈빛은 초등학생들보다 훨씬 날카로웠다. 그래도 이제는 별로 떨리지 않았다. 지금까지 똑같은 이야기를 수없이 해 온 덕분이었다. 우리는 어느 부분에서 말을 멈추고, 언제쯤 다시 시작해야 하는지까지 잘 알고 있었다.

준비해 온 이야기가 끝나고, 질문을 받을 시간이 왔다. 한

학생이 손을 들었다.

"이크발 마시를 죽인 사람은 잡혔나요?"

나는 술술 대답했다.

"누군가가 체포되기는 했어요. 하지만 그 사람이 진짜 범인이 맞는지는 더 조사해 봐야 합니다."

다른 학생이 손을 들었다.

"어린이들이 고된 노동에 시달리는 건 물론 안타까운 일이에요. 하지만 그 어린이들이 당장 일을 하지 않는다면 더 지독한 가난에 시달리지 않을까요? 우리에게는 적은 돈이지만 그들에게는 그렇지 않으니까요. 어린이들이 갑자기 일을 안 하게 되면 그 나라의 통화 가치가 추락할 수도 있어요. 그렇게 되면 경제적인 혼란도 일어나겠지요."

마릴린과 애덤이 나를 곁눈질했다. 애덤이 속삭였다.

"크레이그, 뭐라고 하지?"

누군가 머릿속에 하얀 도화지를 덮어 놓은 기분이었다. 나는 자신 없는 목소리로 말했다.

"글쎄요…… 솔직히 그 부분에 대해서는 잘 모르겠습니다."

다른 학생이 손을 들었다.

"우리는 캐나다 사람이에요. 우리에게 다른 나라 일에 이래라 저래라 할 권리가 있을까요? 그 나라 사람들 눈에는 자신들을 불쌍하게 여기는 백인 제국주의자로 비칠 수도 있어요."

우리 셋은 눈만 껌벅거렸다. 온갖 질문이 여기저기서 쏟아졌다.

"캐나다에도 힘들게 살아가는 어린이들이 많아요. 먼 아시아에 있는 어린이들보다 우리 나라 아이들을 돕는 게 우선이지 않을까요?"

"어린이들이 힘들게 일하는 게 싫다고 했죠? 그 어린이들은 일자리를 뺏기면, 거리에 나가서 구걸이라도 해야 할 거예요. 과연 어느 쪽이 더 나을까요?"

"세계무역기구는 어린이 노동 문제에 대해 어떤 입장인지 조사해 보셨나요? 노동 기준은 도덕적인 문제와 경제적인 문제를 함께 생각해야 해요."

우리가 모든 질문에 대답하지 못한 건 아니었다. 하지만 우리의 대답은 너무나 간단했다. 정확한 자료를 바탕으로 한 대답이 아니라 그저 우리의 생각을 얼버무렸을 뿐이었다. 특히 가장 마지막에 나온 질문은 내 가슴에 깊이 틀어박

했다.

"어린이 노동자들을 직접 만나 본 적은 있나요? 다 책이나 신문에서 읽은 이야기 아닌가요?"

우리는 학생들에게 인사를 한 뒤, 도망치듯 교실을 빠져나왔다. 티셔츠는 땀에 젖어 등에 달라붙어 있었고, 이마에도 땀방울이 맺혀 있었다.

마릴린이 중얼거렸다.

"이렇게 창피한 적은 태어나서 처음이야."

애덤이 말했다.

"이 학교에 다시는 안 올래."

나는 고개를 떨군 채 아무 말도 하지 못했다. 사람들을 설득하려면 지금보다 훨씬 많은 것을 알아야 했다. 집으로 돌아가자마자 아까 받았던 질문을 공책에 모두 적었다. 그리고 아까 다녀온 고등학교에 편지를 썼다.

'선배님들의 질문은 저희에게 큰 도움이 되었습니다. 확실한 대답을 해 드리지 못해서 죄송해요. 앞으로 더 열심히 공부하고 조사하겠습니다. 다음에 또 초대해 주신다면 실망시켜 드리지 않을 거예요.'

나는 알람과 전화로 이야기를 나누었고, 도서관에서 여러

책들을 찾아보았다. 몇 주 뒤, 그 고등학교의 또 다른 모임에서 우리를 초대했다. 나와 마릴린과 애덤은 당당하게 교실로 들어갔다. 그리고 어려운 질문에도 차분히 대답했다. 그렇게 우리는 한 걸음 더 나아갔지만, 질문 하나는 여전히 내 머릿속을 떠나지 않았다.

'어린이 노동자들을 직접 만나 본 적은 있나요?'

5
선택의 순간

어느덧 여름 방학이 코앞으로 다가왔다. 우리는 여전히 바빴다. 학생들에게 어린이 노동자 이야기를 들려주는 한편, 계속 자료를 모았다. 어린이 노동자가 만든 폭죽을 축제 때 쓰지 말아 달라고 토론토 시장에게 편지도 썼다. 고맙게도 시청은 그런 폭죽을 쓰지 않겠다고 약속했다.

우리는 인도의 어린이 인권 운동가 카일라시 사티아르티를 돕기도 했다. 카일라시는 인도의 뿌리 깊은 계급 제도인 카스트 제도에서 지배 계급에 속한 사람이었다. 카일라시는 전기공학자가 될 수 있는 안정된 길을 포기하고, 어린이 노동을 없애기 위해 노력했다. 카일라시가 어린이 노동자들이 만든 제품을 사지 말자는 운동을 벌이다가 감옥에 갇혔다는 소식을 듣고, 우리는 인도 정부에 탄원서를 보내기로 했다. 우리 학교는 물론 다른 학교까지 찾아가 어린이 3천 명의 서명을 받았다. 우리는 탄원서와 아이들의 서명을 구두 상자에 차곡차곡 넣고 포장한 뒤 델리에 있는 인도 총리 관저에 보냈다.

그해 여름 방학에서 가장 즐거웠던 일은 바자회를 연 것이었다. FTC 친구들은 집에 처박혀 있는 오래된 장난감, 책, 옷 들을 잔뜩 가져왔다. 다른 친구들도 안 쓰는 물건을 기부했다. 시원한 레모네이드를 파는 가판대를 열겠다는 친구도 있었다. 바자회를 하며 어린이 노동에 대해 알리고, 번 돈은 FTC 활동비로 쓸 생각이었다. 우리는 물건들을 한데 모아 우리 집 뒤뜰에 펼쳐 놓았다.

마릴린이 얼굴을 찡그렸다.

"저것들을 살 사람이 있을까? 생각보다 너무 낡았는데."

애슐리가 말했다.

"좀 닦아야겠어. 안 움직이는 장난감에는 건전지도 넣고."

우리는 온종일 물건을 닦고, 새로 조립하고, 색칠했다. 드디어 다음 날 아침, 바자회가 시작됐다. 우리는 여러 물건과 어린이 노동에 대한 자료를 붙인 보드지를 자랑스럽게 진열했다. 한 덩치 큰 아저씨가 커다란 개를 끌고 물건을 보러 왔다.

"필요한 물건이 있는지 천천히 보세요. 저희는 '어린이에게 자유를'이라는 단체의 회원들이에요. 어린이 노동자들을 돕기 위해 일하고 있어요."

아저씨는 보드지에 붙은 어린이 노동자들의 사진을 물끄러미 바라보았다. 아저씨가 보드지에 적힌 글을 읽으며 중얼거렸다.

"어린이들이 만든 어린이 노동자를 위한 단체라……. 너희들끼리 만든 단체라고? 선생님도 없이?"

패트릭이 뿌듯한 얼굴로 고개를 끄덕였다.

"나도 여섯 살짜리 딸이 있단다. 필요한 물건이 있는지 잘 보마."

마릴린이 아저씨 손에 FTC 홍보지를 얼른 쥐어 주었다. 방문객은 시간이 지날수록 많아졌다. 많은 사람들이 우리를 칭찬해 주었다. 물건 값보다 훨씬 많은 돈을 주는 사람도 있었다. 사람들은 우리가 생각했던 것보다 훨씬 친절하고 따뜻했다. 우리는 오래된 친구처럼 어린이 노동에 대해 함께 이야기를 나누었다. 우리 얘기를 들은 사람들은 이 문제에 꾸준히 관심을 가지겠다고 약속했다. 놀랍게도 지역 방송국에서 우리를 취재하러 오기도 했다.

우리는 이 바자회를 통해 서로 도와 목표한 일을 이루는 법, 그리고 우리가 열심히 행동할수록 더 많은 사람들이 우리 얘기에 귀 기울인다는 것을 배웠다. 목표한 일을 해냈을 때의 성취감도 느꼈다. 바자회가 끝나자 몸은 축 늘어졌지만, 기분은 하늘을 나는 듯했다.

하지만 모두가 나처럼 행복한 것은 아니었다. 그날 저녁, 엄마가 나를 조용히 불렀다.

"크레이그, 잠깐 얘기 좀 할까?"

엄마가 무슨 말을 할지 어렴풋이 느껴졌다. 우리는 나란히 소파에 앉았다. 그 순간에도 팩스에서는 끊임없이 삑삑 소리가 울렸다.

"너와 네 친구들은 이미 많은 일을 해냈어. 어린이 노동자를 돕는 일은 커서도 얼마든지 할 수 있어. 우리 집이 어떤지 보렴. 늘 네 친구들로 정신없이 북적이고, 전화기와 팩스에서는 쉴 새 없이 소리가 나지. 마크 형 생각은 해 봤니? 형도

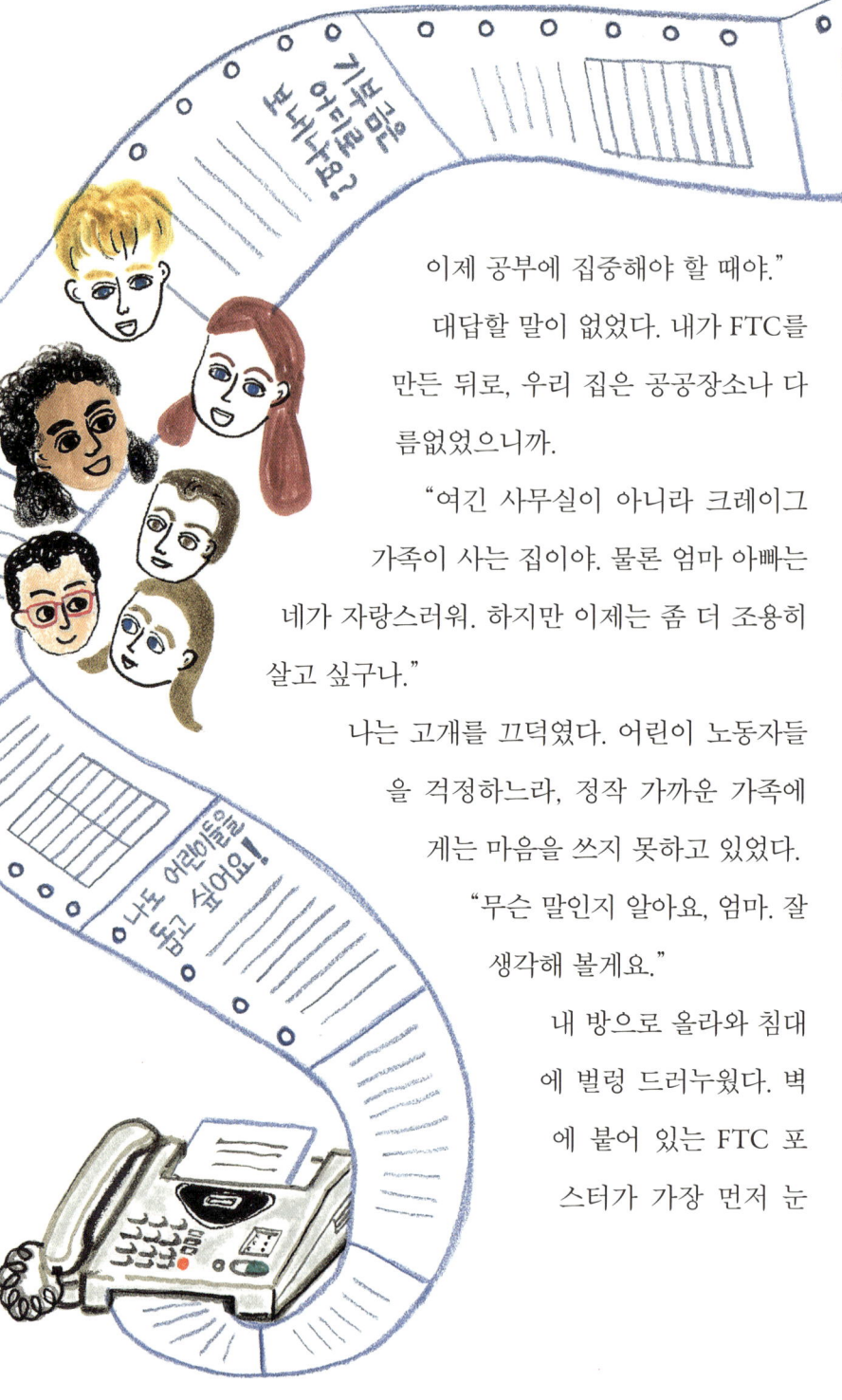

이제 공부에 집중해야 할 때야."

대답할 말이 없었다. 내가 FTC를 만든 뒤로, 우리 집은 공공장소나 다름없었으니까.

"여긴 사무실이 아니라 크레이그 가족이 사는 집이야. 물론 엄마 아빠는 네가 자랑스러워. 하지만 이제는 좀 더 조용히 살고 싶구나."

나는 고개를 끄덕였다. 어린이 노동자들을 걱정하느라, 정작 가까운 가족에게는 마음을 쓰지 못하고 있었다.

"무슨 말인지 알아요, 엄마. 잘 생각해 볼게요."

내 방으로 올라와 침대에 벌렁 드러누웠다. 벽에 붙어 있는 FTC 포스터가 가장 먼저 눈에 들어왔다. 엄마 말대로 우리는 몇 달 동안 많은 일을 해냈다. 하지만 아직은 부족했다. 주위 사람들에게 어린이 노동자들의 이야기를 알리려고 애썼지만, 그 아이들의 삶은 변한 것이 없었다. 눈을 감자 사진에서 본 수많은 어린이 노동자들의 모습이 떠올랐다. 때 묻은 얼굴과 기름진 머리, 다 떨어진 옷을 입은 맨발의 아이들. 그 아이들의 눈은 하나같이

맑고 반짝였다.

나는 침대에서 벌떡 일어났다. 더 오래 고민하더라도 내 대답은 달라지지 않을 터였다.

"엄마! 엄마!"

엄마는 계단을 뛰어 내려오는 나를 어이없다는 듯이 바라봤다.

"벌써 생각해 본 거야, 크레이그?"

"제가 하는 일 때문에 얼마나 정신없으신지 알아요. 하지만 여기서 멈춘다면 지금까지 한 노력은 뭐가 되죠? 저를 믿고 손을 든 친구들은 어떻게 해요?"

"넌 그 일에 지나치게 많은 시간을 들이고 있어. 적어도 고등학교를 졸업하고 나서 다시 시작하렴. 그래도 늦지 않아."

"공부에 지장을 주지 않도록 최선을 다할게요. 엄마도 이제 어린이 노동자들에 대해 잘 아시잖아요. 조금이라도 빨리 나서야 더 많은 아이들을 도울 수 있어요."

엄마는 말없이 나를 바라보았다.

"엄마 아빠가 그러셨잖아요. 옳다고 생각하는 일이 있으면 절대로 포기하지 말라고요. 인생에서 유일한 실패는 시도해 보지 않는 거라고 하셨잖아요! 엄마, 저는 제 일이 자랑스러워요. 제가 옳은 일을 하고 있다고 믿어요."

엄마가 깊은 한숨을 쉬었다. 나는 고개를 떨어뜨렸다. 온갖 걱정이 머릿속에 떠올랐다. 엄마가 끝까지 허락해 주지 않는다면? 다른 사무실을 알아보겠다고 해 볼까? 사무실은 무슨 돈으로 구하지? 나 때문에 다른 친구들까지 포기하면 어쩌지?

엄마가 다시 입을 열었다.

"마지막으로 물을게. 이 일을 꼭 해야겠니?"

나는 얼굴을 번쩍 들었다. 그리고 간절한 마음으로 고개를 끄덕였다.

"좋아. 그럼 열심히 해 보렴. 엄마 아빠는 늘 네 편이야."

생각지도 못한 말에 입을 떡 벌리고 엄마를 바라봤다. 엄마는 내 대답도 듣지 않고 콧노래를 부르며 부엌으로 들어갔다.

그로부터 며칠 뒤, FTC 친구들과 가난한 사람들에게 무료로 점심을 나누어 주는 푸드 트럭에서 자원봉사를 하고 있을 때였다. 알람이 나를 불쑥 찾아왔다.

"잘 지냈니, 크레이그? FTC 친구들도 만나고, 네게 할 이야기도 있어서 왔어."

"무슨 일인데요?"

"몇 달 뒤에 방글라데시에 있는 가족을 보러 갈 생각이야. 남아시아 나라를 두 달 정도 돌며 인권 단체 사람들도 만나 보고. 여행 계획을 짜는데 네 생각이 나더라. 같이 갈래?"

나는 휘둥그렇게 뜬 눈으로 알람을 바라봤다. 가슴 한 구석에 있던 질문이 불쑥 떠올랐다.

'어린이 노동자들을 직접 만나 본 적은 있나요?'

"정말…… 같이 가도 돼요?"

"그래. 물론 부모님의 허락을 얻어야 해. 수업을 빠져도 되는지 학교에도 물어봐야 하고."

한숨이 저절로 새어나왔다. 혼자 지하철을 타는 것조차 허락하지 않는 부모님이 남아시아 여행을 보내 줄까? 학교도 빠져야 하는데? 결과는 부딪쳐 봐야만 알 수 있었다.

6
도전을 위한 준비

"안 돼."

엄마는 단호했다.

"엄마도 알람이 어떤 사람인지 알잖아요. 알람은 그 지역을 잘 알아요. 이렇게 좋은 기회를 놓칠 수는 없어요!"

"학교는 어쩔 건데?"

"가서도 틈틈이 공부할게요. 선생님이 숙제를 내 주시면 다 해 올게요."

그래도 엄마에게서는 허락의 말이 떨어지지 않았다.

"엄마 아빠는 늘 제 편이라고 하셨잖아요. 꼭 가고 싶어요. 어린이 노동자들을 직접 만나 보기 전에는 사람들에게 어떤 말을 해도 확신이 없을 거예요. 제가 어떻게 해야 보내 주실래요?"

엄마는 나를 똑바로 바라보았다.

"네가 반드시 안전할 거라고 나와 아빠를 안심시켜."

나는 곧바로 내가 할 수 있는 모든 일을 시작했다. 우선 거의 모든 나라에 사무실이 있는 유니세프에 편지를 써서 여행 계획을 알렸다. 그리고 어떤 준비를 하면 좋을지 조언을 구했다. 유니세프가 도와준다면 부모님도 마음을 놓을 것 같았다. 또 남아시아에 있는 어린이 인권 단체들에 편지를 보내 여행을 도와 달라고 부탁했다.

며칠 뒤 또 다른 문제가 생겼다. 엄마에게 여행 이야기를 들은 아빠가 말했다.

"여행 경비는 네 스스로 마련해라."

알람과 나는 소박한 여행을 할 생각이었다. 하루에 3달러 이상은 절대 쓰지 않기로 했다. 하지만 남아시아는 기차를 타고 반나절이면 갈 수 있는 거리가 아니었다. 비행기 표를 사는 데만도 큰돈이 들었다. 어떻게 돈을 마련하면 좋을지 머리가 지끈거렸다.

고민 끝에 친하게 지내는 이웃들을 찾아갔다. 이웃 사람들은 FTC에 대해 이미 잘 알고 있었다. 나는 남아시아 여행에 대해 설명한 뒤 솔직히 부탁했다.

"여행 경비를 직접 벌어야 해요. 도움이 필요한 일이 있으면 절 불러 주시겠어요?"

이웃들은 친절했다. 반려동물 산책시키기, 마당 잔디 깎기, 낙엽 치우기 같은 작은 일을 맡겨 주었다. 그리고 생각했던 것보다 훨씬 후한 돈을 주었다. 나는 집에서도 열심히 일했다. 설거지와 빨래와 청소를 돕고 부모님께 돈을 받았다. 물론 두둑한 저금통도 깨야 했지만.

돈을 마련하는 것 말고도 준비해야 할 일은 많았다. 내가 갈 나라들의 영사관을 돌아다니며 비자를 받아야 했다. 특히 파키스탄 비자를 받을 때는 기나긴 줄을 서야 했다. 하지만 엄청나게 많은 예방 주사에 비하면, 기다리는 일쯤은 아무것도 아니었다. 차가운 은색 쟁반에 가지런히 놓인 주사기를 봤을 때는 하마터면 여행을 포기할 뻔했다. 예방 주사를 맞아야 할 줄은 꿈에도 몰랐다. 뾰족한 주삿바늘은 내가 세상에서 가장 무서워하는 것들 중 하나였다.

나는 주사기를 보지 않으려고 애쓰며 말했다.

"두 달밖에 안 있을 건데 꼭 맞아야 해요?"

의사 선생님은 씩 웃었다.

"여기서 고생할래, 거기 가서 고생할래?"

나는 왼쪽 팔을 내밀고 눈을 질끈 감았다. 의사 선생님이 말했다.

"오늘은 A형 간염과 홍역 주사까지만 맞자."

나는 눈을 번쩍 뜨고 외쳤다.

"다른 게 또 있어요?"

"장티푸스, 파상풍, 콜레라도 맞아야지. 말라리아는 약으로 줄 테니 잊지 말고 먹으렴."

의사 선생님이 왼쪽 어깨를 차가운 알코올 솜으로 문질렀다. 곧 따끔한 아픔이 느껴졌다. 나도 모르게 소리를 질렀다.

"으악!"

"아프니? A형 간염 주사는 엉덩이에 맞을래? 이번 게 더 아플 텐데."

옆에 서 있던 엄마와 간호사 앞에서 바지를 내리자니 좀 창피했다. 나는 고개를 흔들며 뻐근한 왼쪽 팔로 오른쪽 어깨 부분의 티셔츠를 내렸다. 잠시 뒤 진료실에 좀 더 큰 비명이 울려 퍼졌다.

나는 말라리아 약이 담긴 봉지를 들고 힘없이 집으로 돌아왔다. 다른 예방 주사들은 왜 약으로 만들지 못하는 걸까. 며칠 뒤 병원에 또 가야 한다고 생각하니 몸이 부르르 떨렸다. 우체통을 살펴보던 엄마가 말했다.

"크레이그, 너한테 온 편지 같은데?"

"어디서 온 건데요?"

"음…… 유니세프랑…….."

"주세요!"

모든 괴로움이 한 번에 날아갔다. 집 안으로 들어갈 새도 없이 허겁지겁 봉투를 뜯었다. 내가 편지를 보냈던 유니세프와 남아시아 인권 단체들이 답장을 보냈다. 단체들은 내 여행을 도와주겠다고 했다! 각 나라에 도착할 날짜와 시간을 알려 주면, 직원이 나와서 거리를 안내해 주고 통역도 해 주겠다고 했다. 자신의 집을 숙소로 내어 주겠다는 직원도 있었다. 기대보다 훨씬 친절한 답변에 가슴이 벅차올랐다.

학교에서도 여행을 허락해 주었다. 선생님들은 이번 여행이 학교에서 배우는 지식보다 더 큰 가르침을 줄 거라고 말했다. 모두가 나를 도우려고 애쓰고 있었다. 그 사람들을 위해서라도 무사히 여행을 마치고, 캐나다로 돌아와 어린이 노동자들을 위해 더 큰일을 해야겠다고 다짐했다.

하지만 부모님은 여전히 온갖 걱정에 싸여 있었다. 부모님은 알람을 집으로 초대했다. 알람은 인도 식당에서 만두를 사 왔다. 그리고 이번 여행에 대해 간략하게 설명했다.

"방글라데시의 다카에서 여행을 시작해서 돌아올 때는 인도의 뭄바이에서 캐나다행 비행기를 탈 거예요. 7주 동안 방글라데시, 타이, 인도, 네팔, 파키스탄에 있는 13개 지방을 돌아보는 계획이지요. 이동할 때는 거리에 따라 비행기와 버스, 기차를 타게 됩니다."

부모님은 알람에게 온갖 질문을 쏟아냈다.

"어떤 버스와 기차를 탈지는 계획을 정확히 세웠나요?"

"크레이그가 갑자기 아프면 어떻게 하죠?"

"어린이 노동자들을 어떤 방식으로 만나나요? 그 나라의 인권 단체 사무실에서? 아니면 직접 거리를 돌아다니며?"

"어린이 노동자들의 고용주가 해코지를 할 위험은 없습니까?"

늘 그랬듯이, 알람은 침착했다. 알람은 어떤 질문에도 당황하지 않고 자신의 계획을 차분히 설명했다. 다행히 부모님의 얼굴이 점점 편안해졌다. 영원히 이어질 것 같던 질문이 드디어 멈췄다. 알람은 자신이 사 온 만두를 가리키며 말했다.

"인도 음식은 맵기로 유명하죠. 매운 맛을 열 단계로 나눌 수 있을 정도예요. 한번 먹어 볼래, 크레이그?"

세 사람의 시선이 나에게 향했다. 이 만두를 쉽게 먹느냐 아니냐에 이번 여행의 성공이 달리기라도 한 듯이.

'설마 알람이 아주 매운 만두를 사 왔겠어?'

만두 하나를 들고 덥석 베어 물었다. 그런데 이런, 지독하게 매운 맛이 입안에 확 퍼지더니 코끝이 얼얼해지고 눈물이 솟아올랐다. 거의 씹지도 못한 채 만두를 꿀꺽 삼켰다. 나

는 벌떡 일어나 알아들을 수 없는 소리를 내며 부엌으로 달려갔다. 냉장고 문을 열고 우유를 벌컥벌컥 들이켰다. 남아시아에 가서 식사나 제대로 할 수 있을지 걱정스러웠다.

 뒤에서 알람의 진지한 목소리가 들려왔다.

 "생각보다 힘든 여행이 될 것 같네요."

7
낯선 세상 속으로

　비행기가 엄청나게 요란한 소리를 내며 토론토 하늘로 날아오르기 시작했다. 나는 안전벨트를 괜히 한 번 더 조였다. 창밖으로 보이는 건물과 자동차 들이 점점 작아졌다.
　가족들은 지금쯤 집에 도착했을까? 엄마는 아직도 울고 있을 것만 같았다. 엄마는 눈물을 훔치며 새로운 도시에 도착할 때마다 꼭 전화하라고 마지막까지 신신당부했다. 아빠와 마크 형은 애써 담담하게 굴었다. 하지만 아빠는 내가 출국 심사장으로 들어가기 직전, 나를 불러 세우더니 꽉 껴안았다.
　나는 네덜란드 암스테르담 공항에 도착한 뒤 방글라데시

의 다카로 가는 비행기로 갈아탔다. 다카행 비행기는 암스테르담행 비행기보다 훨씬 작고 낡아 보였다. 주위를 둘러보니 탑승객 중 아이는 나뿐이었다. 내 옆자리에 앉은 방글라데시 남자가 이상하다는 눈빛으로 나를 흘끔거렸다. 비행기 속 유일한 아이가 보호자도 없이 앉아 있었기 때문이다.

그렇다, 나는 혼자 비행기를 탔다. 알람은 사정이 있어서 2주 전에 먼저 출발했다. 나는 비행기에 가지고 탄 배낭을 꽉 끌어안고 억지로 눈을 감았다. 빨리 다카에 도착해 알람을 만나고 싶은 마음뿐이었다.

토론토를 떠난 지 무려 스물여덟 시간이 지난 뒤에야, 다카 공항에 도착했다. 비행기 밖으로 발을 딛자마자 뜨겁고 습한 공기가 확 밀려들었다. 잠을 푹 못 자서 머리가 아팠지만, 낯선 풍경을 보자 정신이 번쩍 들었다. 바쁘게 오가는 황갈색 피부의 사람들, 낯선 제복을 입은 경찰들, 바닥을 자유롭게 기어 다니는 벌레들, 처음 보는 글자로 쓰인 간판들. 아무리 둘러봐도 나 같은 백인은 찾아보기 힘들었다.

입국 심사장을 빠져나온 뒤 초조하게 주위를 두리번거렸다. 알람이 보이지 않았다. 가슴이 철렁 내려앉았다. 알람은 약속 시간에 절대로 늦는 법이 없었다. 게다가 나를 마중 나오는 날에 늦을 리는 더더욱 없었다. 불길한 생각이 한꺼번에 밀려들었다. 날짜를 잘못 알았나? 오는 길에 교통사고라도 당했나? 알람이 끝까지 오지 않으면 어떻게 하지? 누구한테 전화를 해야 하지?

갑자기 눈물이 왈칵 솟았다. 그때 남자들 한 무리가 우르르 몰려왔다. 남자들은 서툰 영어로 빠르게 물었다.

"호텔?"

"택시?"

어떤 사람은 손을 내밀며 돈을 구걸하기도 했다. "택시!"를 외치며 내 배낭을 잡아당기는 사람도 있었다. 얼굴에서 줄줄 흘러내리는 땀을 훔치지도 못한 채 그 자리에서 꼼짝도 하지 못했다. 너무나 두려워서 말 한 마디도 나오지 않았다. 어쩔 줄 몰라 하는 내 모습을 보고 깔깔거리며 지나가는 사람들도 있었다. 울음이 터져 나올 무렵 귀에 익은 목소리가 들렸다.

"크레이그!"

"알람!"

알람이 달려오자 나를 둘러쌌던 남자들은 금세 뿔뿔이 흩어졌다.

"알람! 왜 이렇게 늦었어요! 안 오는 줄 알았어요!"

"정말 미안해. 네가 다른 쪽에서 나오는 줄 알았어. 얼른 옷부터 벗어."

어깨에 맨 배낭을 알람에게 건네주고 그제야 두꺼운 점퍼를 벗었다. 캐나다는 지금 한겨울이었다.

알람이 짐을 지키는 동안, 공중전화로 집에 전화를 걸었다. 내 모습을 흘끔거리지 않는 사람이 없었다.

"다들 백인을 처음 보나 봐요."

"나도 여기 온 지 2주 동안 백인이라고는 여섯 명밖에 못 봤어. 모두 어른들이었지. 넌 아이라 더 신기한가 봐."

우리는 공항 밖으로 나갔다. 도로는 자동차와 오토바이, 사람이 끄는 인력거들로 뒤엉켜 복잡했다. 알람은 인력거를 끄는 방글라데시 남자와 흥정을 벌이기 시작했다. 물론 내가 알아듣지 못하는 말로. 우리가 인력거에 올라 자리를

잡자, 기사는 땀을 훔치며 힘차게 페달을 밟았다. 얼마나 무거울까 생각하자 기사에게 미안해졌다.

다카는 방글라데시의 수도다. 400만 명이 넘는 사람들이 다카에 산다. 가뭄과 태풍과 홍수로 고통을 겪은 방글라데시의 농부들은 더 나은 삶을 꿈꾸며 다카로 왔다. 하지만 농부들을 기다리는 것은 똑같은 가난이었다. 게다가 넘쳐나는 사람들 때문에 살 곳도 부족했다.

사진으로 보던 광경이 바로 눈앞에서 펼쳐지고 있었다. 아이들은 지저분한 옷을 입고 맨발로 돌아다녔다. 기름진 머리와 안 씻어서 얼룩덜룩한 얼굴로 구걸을 하거나 먹을 것을 팔았다. 쓰레기통이 보물 상자라도 되는 듯 열심히 뒤지는 아이도 있었다.

알람이 물었다.

"직접 보니 어때, 크레이그?"

'훨씬 가난해요.'란 말이 머릿속에 맨 먼저 떠올랐다. 하지만 그 말을 꺼내기가 왠지 미안했다.

"캐나다와는 너무 다르지? 하지만 이 거리는 그렇게 가난한 사람들이 사는 곳이 아니야. 더 지독한 빈민가도 있어."

인력거는 곧 다른 거리로 접어들었다. 그 거리는 놀랄 정도로 깨끗했고, 멋진 아파트와 고급스러운 상점이 늘어서 있었다.

"방글라데시는 빈부 격차가 심한 나라야. 잘사는 사람들은 미국이나 캐나다보다 훨씬 좋은 집에 살아."

그 아파트 중 한 곳에 알람의 삼촌이 살았다. 우리는 땀으로 흠뻑 젖은 인력거 기사에게 고개를 숙여 인사한 뒤 아파트로 향했다. 알람이 초인종을 누르자 삼촌이 나왔다. 집 안에는 꽤 많은 사람들이 모여 있었다. 알람이 사람들에게 나를 소개시켜 주었다. 나는 캐나다에서 공부해 온 인사말을 건넸다.

"앗 살람 알라이쿰!"

우리는 알람의 통역으로 이야기를 나누었다. 나는 캐나다와 내 여행 계획에 대해 말해 주었다. 알람이 속삭였다.

"배고프지? 곧 저녁 시간이야. 맵지 않은 음식으로 준비해 달라고 미리 부탁했어. 만두 먹었을 때 네 표정을 잊을 수가 없어서 말이지."

곧 이상한 모습이 눈에 들어왔다. 여자들은 음식을 식탁에 차려 놓을 뿐, 함께 앉지 않았다. 눈치 빠른 알람이 다시 한 번 속삭였다.

"여자들은 우리가 식사를 끝낸 다음에 먹을 거야. 우리가 남긴 음식으로."

'말도 안 돼요!'라고 외치고 싶은 마음이 굴뚝같았지만 꾹 참았다. 그건 방글라데시의 풍습이고, 나는 초대받은 손님이었으니까. 식사를 하면서도 여자들에게 미안한 마음이 가시지 않았다. 하지만 그때 느낀 미안함은 앞으로 겪게 될 감정에 비하면 아무것도 아니었다.

8
가난하고 행복한 사람들

다음 날, 알람과 나는 한 국제 구호 단체에서 일하는 방글라데시 직원을 만났다. 직원은 우리를 다카의 한 빈민가로 데려갔다. 마을 어귀에 들어서자마자 아이들이 우르르 뛰어왔다. 아이들은 수줍은 얼굴로 쿡쿡거리며 크고 검은 눈으로 나를 바라봤다. 이 마을에 들어온 백인 아이는 내가 처음이었을 것이다.

"앗 살람 알라이쿰!"

내가 방글라데시 사람처럼 인사하자, 아이들 사이에서 한바탕 웃음이 터졌다. 나와 알람은 졸졸 따라오는 아이들을 뒤로한 채 마을을 돌아보았다. 갈대 같은 식물을 엮어서 지

붕을 인 오두막들이 곳곳에 서 있었다. 강한 바람이라도 한 번 불어닥치면 금세라도 쓰러질 것처럼 보였다. 어디선가 코를 찌르는 지독한 냄새가 풍겨왔다.

"어디에서 나는 냄새죠?"

직원이 말했다.

"쓰레기를 자주 치우지 못해서 그래. 화장실이 따로 없어서 동물과 사람의 배설물을 함께 모아 둔단다."

우리는 어느 오두막 집으로 들어갔다. 그 집은 우리 집 화장실보다도 작았다. 방 같은 것은 당연히 없었다. 바닥에는 낡고 해진 깔개가 깔려 있었고, 전기나 수도 시설도 없었다. 한쪽 구석에 놓인 낡은 냄비에서 물이 끓고 있었다. 집 안에 있던 여인이 우리를 보고 웃었다. 그들의 가난을 확인하러 갑자기 들이닥친 게 미안해졌다. 나는 얼른 밖으로 나왔다. 기분이 좋지 않았다.

밖으로 나오자 아이들이 나를 쿡쿡 찔렀다. 나는 가만히 서 있다가 아이들에게 무서운 소리를 내며 확 달려들었다. 아이들은 웃음을 터뜨리며 도망쳤다. 그러다 또 내게 다가왔고, 나는 또 아이들에게 달려들며 장난을 쳤다. 아이들은 숨이 넘어갈 것처럼 웃어 댔다.

직원이 말했다.

"네가 좋은가 봐, 크레이그. 여기 또 왔으면 좋겠대."

그중 한 여자아이가 우리를 안내해 주겠다고 나섰다. 그 아이를 따라서 마을 가운데로 들어서자 손으로 작동하는 펌프가 나왔다.

아이가 자랑스러운 얼굴로 말했다.

"구호 단체에서 만들어 준 펌프예요. 이 펌프가 없었을 때는 아주 멀리 있는 우물까지 걸어가야 했어요."

펌프 앞에는 양동이를 든 사람들이 길게 늘어서 있었다. 양동이에 물이 가득 차면 사람들은 한 방울이라도 흘리지 않으려는 듯이 조심스럽게 들고 갔다. 찬 물과 뜨거운 물이 펑펑 쏟아지는 우리 집 수도꼭지가 떠올랐다. 이를 닦을 동안 물을 틀어 놓았던 일이 떠오르자 부끄러웠다. 여름이면 우리 집 뒷마당에 등장하던 간이 수영장과 토론토 곳곳에 있는 넓은 수영장도 생각났다. 그렇게 많은 물을 단지 재미를 위해 쓴다는 것은 이들에게는 상상도 못할 일일 것이다.

아이는 다른 집으로 우리를 데려갔다. 그곳에는 나이가 아주 많은 할머니가 살고 있었다. 몸집은 작았고, 얼굴에는 주름이 가득했다. 거친 손은 크고 작은 흉터투성이였다. 할머니와 구호 단체 직원이 이야기를 나누었다.

직원이 말했다.

"이 할머니는 버려진 아기들을 돌본대. 아기를 키울 능력이 없는 여자들이 할머니 집 앞에 아기를 버린다는구나."

"할머니가 편찮으시기라도 해서 아기를 돌볼 수 없으면요? 그때는 누가 그런 일을 하죠?"

할머니의 대답을 직원이 전해 주었다.

"마을의 누군가가 이 일을 대신 맡을 거래."

다카의 빈민가에 오기 전, 나는 마을 사람들이 험상궂은 얼굴로 우리를 노려볼 거라고 생각했다. 자신들의 가난을 보러 찾아온 우리를 미워할 거라고 생각했다. 하지만 그곳에서 만난 사람들은 하나같이 친절했다. 사람들은 어려운 환경 속에서도 최선을 다해 살아가고 있었다. 여자들은 시장에 내다팔기 위해 다 함께 바구니를 엮었다. 펌프 앞에서도 모두 질서 있게 줄을 섰다. 나와 알람에게 구걸하는 사람은 한 명도 없었다. 버려진 아기를 키우는 할머니처럼 이웃을 돌볼 줄도 알았다. 그곳의 가난은 당연히 나를 놀라게 했다. 하지만 마을 사람들에게서는 절망 대신 삶에 대한 의지가 느껴졌다.

아쉬워하는 아이들에게 인사를 건네고 차에 올랐다. 직원이 말했다.

"지금 본 곳이 다카에서 가장 큰 빈민가야. 하지만 이곳보다 더 가난한 데도 많아."

우리는 강가로 향했다. 많은 아이들이 부둣가에서 일하고 있었다. 아이들은 능숙한 솜씨로 고기잡이배에서 짐을 내렸다. 그물을 손질하고, 물고기를 다듬고, 배를 청소하는 아이들도 있었다.

부둣가 언저리에서 우리는 학교를 발견했다. 사실 학교라고 할 수 있는 건물도, 교실도 없었다. 초라한 오두막에 낡은 돗자리 한 장이 깔려 있을 뿐이었다. 선생님은 그곳에 작은 칠판을 놓고 아이들을 가르쳤다. 아이들은 읽고 쓰는 법과 간단한 셈을 배웠다. 우리가 아이들을 지켜보고 있을 때, 한 남자아이가 왔다. 팔과 다리에 난 상처에서 피가 줄줄 흘러내렸다. 선생님은 얼른 아이를 들여다보았다.

나는 아이의 상처를 보고 너무 놀라서 가슴이 두근거렸다. 직원에게 말했다.

"어디에서 이렇게 다쳤는지 물어봐 주실래요?"

어쩔 줄 몰라 하는 나와 달리, 아이는 담담했다.

"언덕 위로 수레를 밀고 가는데, 수레가 너무 무거워서 뒤로 밀렸어. 그러다 팔과 다리가 바퀴에 깔려 버렸지."

선생님이 작은 상자를 꺼냈다. 그 안에는 소독약과 붕대밖에 없었다.

"병원에 데려가야 하지 않을까요? 상처가 심해 보여요."

"병원도 없고, 그럴 돈도 없단다."

선생님이 상처를 소독하자, 아이는 얼굴을 찡그렸다. 선생님이 말했다.

"종종 이런 일이 있단다. 아이들에게 공부를 가르치는 시간보다 일하다 다친 상처를 치료해 줄 때가 더 많아. 안타깝지만 이게 내가 해 줄 수 있는 최선이란다."

아이는 치료가 끝나자 곧 일어났다. 난 아이를 붙잡았다.

"어디 가니? 우리랑 좀 더 얘기할래?"

아이의 대답에 다시 한 번 가슴이 메어 왔다.

"안 돼. 수레를 다시 밀어야 하거든."

"빨리 낫길 바랄게."

그 말이 내가 해 줄 수 있는 유일한 위로였다.

9
첫 시위

알람과 나는 다카를 떠나 타이의 방콕행 비행기에 몸을 실었다. 12월 17일. 비행기 안에서 우리는 생일을 맞았다.

"오늘이 무슨 날인지 알지, 크레이그? 생일 축하해!"

"알람도 생일 축하해요. 이번 생일은 평생 잊지 못할 것 같아요."

나는 얼른 덧붙였다.

"우리 둘은 정말 인연인가 봐요! 스물다섯 살짜리 아시아 청년과 열두 살짜리 백인 소년이 친구가 되어 방콕행 비행기에서 함께 생일을 맞는 확률이 얼마나 되겠어요?"

알람은 그 확률을 진지하게 생각해 보는 듯했지만, 곧 잠에 빠져들었다.

타이의 수도 방콕은 화려하고 정교한 불교 사원들이 곳곳에 있는 신비로운 나라였다. 도로는 방글라데시 못지않게 정신없었지만, 타이 음식은 정말로 맛있었다!

하지만 공부한 바에 따르면, 타이의 어린이 노동자들은 그 어느 곳에서보다 끔찍한 일을 하고 있었다. 술집에서 일하는 여자아이들이 많다는 자료를 읽었지만, 그런 일이 정말로 벌어진다고는 도저히 상상할 수가 없었다.

알람과 나는 방콕 거리를 걷다가 믹이라는 백인 남자와 이야기를 나누게 됐다. 우리가 온 이유에 대해 들려주자, 믹의 얼굴이 환해졌다.

"난 오스트레일리아에서 왔어. 거기서 경찰로 일했지. 어느 날, 신문에서 타이의 청소년 노동자들에 대한 기사를 읽었어. 타이에 관광객들을 위한 술집이 많다는 걸 알고 있었지만, 청소년들까지 그런 곳에서 일할 줄은 몰랐지."

"제가 여기 온 이유도 아저씨와 비슷해요! 저도 신문에서 이크발 마시라는 어린이 노동자의 기사를 보고 얼마나 놀랐는지 몰라요."

믹은 고개를 끄덕였다.

"그 기사 내용이 도무지 머릿속을 떠나지 않았어. 타이의 청소년들을 위해 내가 무슨 일을 할 수 있을까 곰곰이 생각했지. 나는 결국 경찰 일을 그만두고 방콕으로 와서 인권 단체에 일자리를 얻었어. 지금은 관광객으로 위장해 유흥가를 돌아다니며 청소년 노동자들이 놓인 환경을 몰래 촬영하고 있어."

우리는 믹을 따라 발걸음을 옮겼다. 믹은 팟퐁이라는 거리로 우리를 데려갔다. 거리 양옆으로 술집들이 길게 늘어서 있었다.

"팟퐁은 방콕에서 술집이 가장 많은

곳이야. 지금은 조용하지만 밤이 되면 거리가 휘황찬란하게 빛나지."

각 술집 앞에는 그곳에서 일하는 여자들의 사진을 쭉 붙여 놓은 간판이 비스듬히 세워져 있었다. 짙은 화장을 했어도 앳된 얼굴을 한 여자들이 많았다. 고등학교 졸업 앨범 대신 술집 간판에 사진이 실리다니. 짧은 치마를 입은 여자들이 가게 앞에서 어슬렁거렸다. 나는 점점 불편해졌다.

믹이 말을 이었다.

"수많은 시골 소녀들이 이곳으로 팔려 온단다. 술집 주인들은 시골에서 결혼식을 올리는 신부 중 예쁜 여자가 있으면 이렇게 제안하지. 여자아이를 낳으면 나중에 자기에게 팔라고 말이야."

"그렇게 하는 여자가 정말 있어요?"

믹은 대답 대신 어깨를 으쓱했다. 나는 말도 안 된다는 듯이 고개를 흔들었다.

어린이 노동에 대해 공부하기 시작한 뒤로, 나는 전에 몰랐던 많은 것들을 배웠다. 가난에 허덕이는 나라들, 자기 아이를 노예로 파는 부모들, 위험한 환경에서 일하는 어린이들. 나는 또래보다 세상을 훨씬 잘 안다고 자부했다. 하지만 여행을 계속할수록 그 자부심은 번번이 무너져 내렸다.

알람이 말했다.

"팟퐁에서 찍은 영상을 보내 주실 수 있나요?"

알람과 믹은 이메일 주소를 주고받았다. 나는 진심으로 말했다.

"조심하세요, 아저씨."

믹은 씩 웃으며 엄지손가락을 들어 보였다.

믹과 헤어진 뒤 알람에게 말했다.

"그런 곳에서 일하는 아이들이 너무나 불쌍해요. 그 아이들을 어떻게 도우면 좋을까요?"

알람은 말이 없었다. 그 대답은 이번 여행을 통해 내가 스스로 찾아야 했다.

크리스마스이브였다. 할머니 집으로 전화를 걸었다. 우리 가족은 크리스마스이브가 되면 할머니 집에 모였다. 엄마 아빠와 마크 형은 친척들과 함께 내 이야기를 나누었을 것이다.

전화기 너머로 할머니의 따뜻한 목소리가 들렸다.

"타이의 크리스마스는 어떠니, 크레이그?"

"캐럴도 크리스마스트리도 없어요. 날은 푹푹 찌고요."

할머니가 웃음을 터뜨렸다.

"타이는 불교를 믿는 나라니까. 널 생각하며 피아노로 캐럴을 연주했단다. 여행은 어떠니?"

팟퐁 거리를 떠올리며 대답했다.

"힘들 때도 있지만, 많이 배우고 있어요."

"네가 원하는 걸 꼭 얻기 바란다, 크레이그."

다음 날 아침 우리는 서둘러 공항으로 떠났다. 방콕에서 크리스마스는 휴일이 아니었기 때문에 차가 얼마나 막힐지 알 수 없었다. 비행기를 타고 도착한 인도 콜카타의 한 공항은 아주 작았고, 엄청나게 많은 사람들로 북적였다. 우리는 콜카타에서 도움을 주기로 한 스와판 무케리제를 만났다. 스와판은 아주 명랑한 사람이었다.

"메리 크리스마스, 크레이그! 이렇게 만나서 영광이다."

나는 어리둥절했다.

"인도에서는 크리스마스를 지내나요?"

"그럴 리가! 인도는 힌두교 나라인걸!"

스와판은 우리를 데리고 공항을 요리조리 빠져나갔다.

"오늘 콜카타에 오다니 넌 행운아야! 조금 뒤 콜카타 거리에서 어린이 노동에 반대하는 시위가 열린단다. 같이 갈래?"

내 대답은 물론 "좋아요!"였다. 우리는 다 함께 택시에 올랐다. 나는 창문에 얼굴을 바짝 대고 거리 풍경을 열심히 바라보았다. 사람들은 흔히 콜카타가 가난에 찌든 우울한 도시일 거라고 생각한다. 물론 콜카타는 가난한 도시였다. 하지만 창밖의 사람들은 전혀 우울해 보이지 않았다. 그곳에서 만난 사람들은 스와판처럼 잘 웃었고, 씩씩해 보였다.

스와판이 말했다.

"다 왔다! 얼른 내려!"

그곳은 콜카타의 한가운데였다. 이미 많은 사람들이 피켓을 들고 모여 있었다. 시위에 참가하려고 버스와 인력거에서 내리는 사람들도 여럿 보였다. 이렇게 많은 사람들이 어린이 노동에 반대하다니. 처음 보는 사람들이었지만 모두가 든든한 친구처럼 느껴졌다. 스와판은 어디서 얻었는지 불쑥 피켓 하나를 내밀었다. 피켓에는 쓰러져 있는 어린이들이 붉은색으로 그려져 있었다. 나는 피켓을 힘껏 쳐들었다.

사람들은 구호를 외치며 행진을 시작했다. 스와판이 내 귓가에 큰 소리로 외쳤다.

"'폭죽 사용을 멈춰라! 어린이 노동을 금지하라!'라는 뜻이야!"

나는 영어로 그 말을 목청껏 외쳤다. 그 시위는 내가 처음으로 참여한 시위였다. 그동안 이 세상과 정부와 어른들을 향해 몇 번이나 외치고 싶었다. 어린이들은 일해서는 안 된다고. 어린이들은 자유롭게 뛰어놀고, 많은 것을 배워야 한다고 말이다. 속에 품었던 말을 마음껏 외칠 수 있는 기회가 드디어 온 것이다.

사람들 속에는 아이들도 적잖이 끼어 있었다. 아이들의 표정은 진지했다. 이 시위를 놀이처럼 생각하는 아이들은 보이지 않았다. 이 시위는 곧 그 아이들의 미래였다.

우렁찬 함성 속에서 스와판의 목소리가 들려왔다.

"많은 인도 어린이들이 폭죽 공장에서 일한단다. 이 시위에 참가한 한 어머니는 공장에서 일어난 폭발 사고로 아들 둘을 한꺼번에 잃었어. 또 어떤 아이는 공장에 들어간 첫날,

폭발 사고를 당했지."

"많이 다쳤나요?"

스와판은 고개를 흔들었다.

"죽었어."

우리는 구호를 외치며 계속 걸었다. 나도 사람들이 외치는 구호를 어느새 어설프게나마 따라 할 수 있었다. 기자로 보이는 사람들도 시위대 옆에서 함께 걸었다. 카메라를 든 사람들은 한 장면이라도 놓치지 않으려는 듯 시위대의 모습을 열심히 찍었다. 기자는 이따금 사람들에게 질문을 던졌다. 그들이 찍은 화면이 부디 많은 곳에 방송되기를 진심으로 바랐다.

한 소녀가 작은 나무 판을 목에 걸고 종종걸음으로 시위

대를 쫓아다녔다. 나무 판에는 빵이 담겨 있었다. 아이는 시위대의 함성에 지지 않으려는 듯 목청껏 외쳤다.

"빵 사세요! 빵 있어요!"

아이는 여덟 살도 안 돼 보였다. 알람은 걸음을 멈추고 비디오카메라로 아이를 찍었다.

내가 말했다.

"어린이 노동자가 어린이 노동에 맞서는 사람들에게 빵을 팔고 있네요."

알람도 씁쓸하게 고개를 끄덕였다.

사람들은 정부 청사 앞에서 발걸음을 멈췄다. 청사 앞은 이미 경찰들이 빽빽하게 에워싸고 있었다. 우리는 건물 앞에 앉아서 계속 구호를 외쳤다. 나는 고급스럽게 장식된 창문을 뚫어지게 바라봤다. 직원 한 명이라도 창문을 열고 우리의 외침을 들어주길 바라면서. 하지만 시위가 끝날 때까지 창문은 굳게 닫혀 있었다.

10
마더 데레사를 만나다

콜카타에서 지내던 어느 날, 나와 알람은 내 또래로 보이는 남자아이를 만났다. 아이는 거리에서 차를 만들어 팔고 있었다. 스와판의 도움으로 아이에게 말을 걸었다.

"하루에 몇 시간이나 일하니?"

"새벽 4시부터 밤 9시까지."

잘못 들었나 싶어 다시 한 번 물었다.

"오후 4시가 아니라 새벽 4시?"

아이는 나를 물끄러미 쳐다봤다. 왜 놀라는지 모르겠다는 눈치였다.

"그래. 날마다 그렇게 일해."

"하루에 열일곱 시간이나 일하는 거잖아. 쉬는 날도 없이? 친구들은 있니?"

"몇 명. 하지만 바빠서 같이 놀지는 못해."

"학교는?"

"여섯 달 전에 그만 뒀어. 아버지가 차 파는 일을 도와 달라고 해서. 그런데 넌 어느 나라 사람이야?"

"캐나다 사람이고 열두 살이야. 우리 나라를 알아?"

아이는 잘 모른다고 했다. 하지만 캐나다에 대해서 많이 궁금해했다. 나는 캐나다에서 우리 또래 아이들이 어떻게 살아가는지 이야기해 주었다.

"토요일과 일요일을 빼고는 학교에 가. 학교 수업이 끝나면 다 같이 축구를 하기도 하고, 숙제도 하고, 극장에 가기도 해. 나는 도서관에 다니는 것도 좋아했어. 친구들이랑 쇼핑몰에……."

나는 말을 멈추었다. 아이가 쇼핑몰에 대해 잘 모를 것 같았기 때문이다.

아이가 물었다.

"그럼 일은 언제 해?"

"캐나다 어린이들은 일을 하지 않아. 법으로 금지되어 있거든."

"그럼 필요한 돈은 어떻게 벌어?"

"부모님이 용돈을 주셔."

지금까지 당연하게 생각했던 일이 갑자기 부끄러워졌다. 집안일을 돕고 용돈을 받을 때도 있다고 말하려다가 그만두었다.

아이가 말했다.

"인도에서 열두 살은 어엿한 어른이야. 너희 나라 어른들은 너희를 너무 아이 취급하는 것 같아."

아이와 헤어진 뒤, 우리는 콜카타에 있는 가장 큰 쇼핑몰에 갔다. 그곳 주변에서도 많은 어린이 노동자들을 볼 수 있었다. 역시 내 또래로 보이는 아이들이 트럭에서 짐을 내리고 실었다. 상품을 가판대에 진열하기도 했다. 다들 땀투성이였지만, 짜증을 내거나 투덜거리는 아이는 한 명도 없었다. 당연히 해야 할 일을 한다는 듯 그저 묵묵히 일할 뿐이었다. 나는 그중 한 남자아이에게 말을 걸었다. 아이는 내 하얀 얼굴을 신기하다는 듯이 바라보았다.

"안녕. 난 캐나다에서 온 크레이그 킬버거야. 여기서 몇 시까지 일하니? 벌써 많이 어두워졌는데."

"밤 10시까지 일해."

"배고프겠다."

"집에 가서 엄마랑 먹으면 돼. 그 정도는 참을 수 있어."

"학교는 안 다녀?"

"응. 자꾸 지각을 하고 숙제도 안 해 가니까 선생님한테 혼만 나. 매를 맞기도 하고. 하지만 여기서 밤까지 일하고 집에 가면 너무나 피곤해서 숙제를 할 수가 없어. 아침에 일찍 일어나기도 힘들고."

나는 고개를 끄덕였다. 이렇게 일한다면 어떤 아이도 제대로 학교에 다니기 힘들 것이다.

"넌 꿈이 뭐야? 나중에 뭐가 되고 싶어?"

어떤 질문에라도 답해 줄 것 같던 아이는 입을 꾹 다물었다. 아이는 큰 눈을 껌벅거리다 결국 이렇게 말했다.

"나도 잘 모르겠어."

콜카타 아이들에게 미래는 그저 지금과 똑같은 날들이었다. 살아남기 위해 일해야 하는 날들. 아이와 인사를 나눈 뒤 알람에게 말했다.

"여행을 떠나기 전, 저는 늘 궁금했어요. 과연 어린이 노동자들을 어디에서 만날 수 있을까 하고요. 우리를 도와주기로 한 인권 단체 직원이 어린이 노동자들이 있는 곳으로 절 안내해 줄 거라고 생각했죠. 하지만 막상 와 보니, 굳이 어린이 노동자들을 찾아 헤맬 필요가 없었어요."

알람은 무슨 뜻인지 알겠다는 듯이 고개를 끄덕였다. 나는 고개를 돌려 아이를 바라봤다. 아이는 아까처럼 무거운 상자들을 트럭에서 내리고 있었다.

내가 말했다.

"그 애들은 어디에나 있어요."

네팔로 떠날 날이 어느새 하루 앞으로 다가왔다. 콜카타에서 만난 아이들을 생각할 때마다 마음이 편하지 않았다. 가난은 콜카타에 너무나 깊숙이 퍼져 있었다. 그 아이들을 어떻게 도울 수 있을까 생각하니 막막하기만 했다. 생각에 잠긴 채 알람과 콜카타 거리를 걷고 있는데, 한 간판이 눈에 띄었다.

'사랑의 선교 수녀회.'

"알람! 저기는 혹시…… 그분이 일하는 곳 아니에요?"

나와 알람은 한목소리로 외쳤다.

"마더 데레사!"

인도의 가난하고 병든 사람들을 위해 자신의 삶을 바친 마더 데레사는 살아 있는 성인으로 칭송받는 분이었다. 물론 나도 그분에 대해 잘 알고 있었다. 마더 데레사의 책을 읽어 보기도 했고, 텔레비전에서 그분에 대해 소개한 프로그램도 보았다.

"한번 가 봐요, 알람!"

"글쎄. 벌써 저녁 7시인걸. 데레사 수녀님이 저곳에 계실지도 확실하지 않고, 계시더라도 바쁘실 거야."

"그래도 가 봐요. 언제 여기 다시 오겠어요!"

나는 망설이는 알람의 팔을 잡아끌었다. 표지판을 따라 미로처럼 복잡하게 얽힌 골목길을 한동안 걷자, 수녀회의 현관문이 보였다. 문은 살짝 열려 있었다. 안으로 들어가자 그리 크지 않은 마당이 나왔다. 마당은 수녀님들과 자원봉사자들, 그리고 도움을 받기 위해 온 사람들로 복잡했다.

알람이 속삭였다.

"우리가 방해가 될 것 같아. 그냥 나가자."

아쉬웠지만 고개를 끄덕였다. 그때 한 젊은 수녀님이 우리 쪽으로 다가왔다.

"무슨 일로 오셨나요? 도움이 필요하세요?"

알람이 말했다.

"안녕하세요, 수녀님. 늦은 시간에 불쑥 들어와서 죄송합니다. 혹시 데레사 수녀님을 뵐 수 있을까 싶어서요."

"지금은 좀 어렵겠어요. 내일 다시 오시겠어요?"

내가 말했다.

"저희는 캐나다에서 왔어요. 내일 네팔로 떠나야 하고요."

"죄송합니다. 그래도 안 되겠어요. 데레사 수녀님은 좀 쉬셔야 해요."

그 순간, 수녀님 한 무리가 우리 쪽으로 걸어왔다. 그곳에 데레사 수녀님이 있었다. 나는 너무나 놀라 수녀님을 보며 눈만 깜박였다. 수녀님은 사진과 텔레비전에서 보던 것보다 몸집이 훨씬 작았고, 얼굴은 주름투성이였다. 하지만 수녀님이 우리를 향해 부드럽게 미소 짓자, 아까까지만 해도 답답했던 마음이 스르르 풀리는 듯했다.

데레사 수녀님이 내 눈을 들여다보며 물었다.

"콜카타까지 무슨 일로 왔니?"

갑자기 말이 나오지 않았다. 데레사 수녀님이 내 앞에 서 있다는 걸 믿을 수가 없었다. 수녀님은 내가 말할 때까지 조용히 기다려 주었다. 나는 겨우 입을 열었다.

"음…… 저는…… 어린이 노동자들을 만나러 캐나다에서 왔어요. 그 애들과 직접 이야기를 나누면 어떻게 도와야 할지 더 잘 알 수 있을 것 같았어요."

"참 좋은 일을 하는구나. 콜카타의 가난한 사람들은 네게 많은 걸 가르쳐 줄 거야."

데레사 수녀님이 내 손을 가만히 잡았다. 갑자기 눈물이 차오르기 시작했다.

"네 이야기를 좀 더 들려줄래?"

나는 떨리는 목소리로 FTC에 대해 말했다. 왜 그 단체를 만들었는지, 그리고 어떻게 이곳까지 오게 되었는지.

"어린이들은 힘들게 일하는 대신 친구들과 뛰어놀고 가족들의 사랑을 받아야 한다고 생각해요. 이곳에 와 보니 제 삶과 인도 어린이들의 삶이 너무 달라서 마음이 아팠어요. 그리고…… 너무나…… 그 아이들에게 미안했어요."

나는 결국 울음을 쏟았다. 그동안 꾹꾹 눌러 왔던 미안함이 수녀님의 따뜻한 눈빛과 다정한 손길 앞에서 결국 터져 나왔다.

"너 같은 아이가 있어서 정말 행복하구나. 주님도 너를 보며 기뻐하실 거야."

나는 손등으로 눈물을 훔쳤다.

"수녀님, 어린이 노동자들을 위해서도 기도해 주시겠어요?"

데레사 수녀님은 나와 알람을 기도실로 데려갔다. 작고 어둑어둑한 방에 칠판 하나가 걸려 있었다. 기도할 주제를 적는 칠판이었다. 데레사 수녀님이 분필 하나를 쥐어 주었다. 나는 칠판에 이렇게 썼다.

'전 세계의 어린이 노동자들을 위해 기도해 주세요.'

데레사 수녀님은 성호를 그으며 나를 축복해 주었다. 그리고 주위에 있던 수녀님과 자원봉사자 들에게 어린이 노동자들을 위해 기도해 달라고 부탁했다.

데레사 수녀님이 내 손에 십자가가 그려진 메달을 쥐어 주었다.

"주님께서 남은 여행길을 지켜 주시길. 그리고 네가 하는 모든 일에 함께하시길."

나는 다시 한 번 수녀님의 따뜻한 손을 잡았다. 그리고 손등에 입을 맞추었다. 수녀님이 속삭였다.

"네가 하는 일에 늘 확신을 가지렴."

우리는 데레사 수녀님께 감사 인사를 드리고 수녀원을 나왔다. 내 마음은 그곳에 들어가기 전과 완전히 달라져 있었다. 나는 차분했고, 평화로웠다.

알람이 멍한 얼굴로 중얼거렸다.

"데레사 수녀님을 만나다니. 오늘 일은 죽을 때까지 잊지 못할 거야."

나도 그랬다. 그날 뒤로 어려운 일에 부딪칠 때마다 수녀님과의 만남을 떠올렸다. 그분이 해 주신 축복과 기도, 그리고 그분이 남긴 말을 떠올렸다.

"살면서 위대한 일을 할 수는 없어요. 하지만 큰 사랑으로

작은 일들을 할 수는 있답니다."

수녀님은 배고픈 사람이 있으면 먹을 것을 주었다. 잠자리가 필요한 사람에게는 잠자리를 내주었다. 죽어 가는 사람이 있으면 편히 쉬게 해 주었다. 빈곤, 질병, 전쟁, 폭력 등 우리는 세상의 많은 문제들을 맞닥뜨릴 때마다 내 힘으로는 아무것도 바꾸지 못할 거라고 생각한다. 하지만 데레사 수녀님은 그렇게 생각하지 않았다. 수녀님은 작은 행동 하나가 세상을 어떻게 바꿀 수 있는지 잘 보여 준 사람이었다.

11 나가시르의 노래

우리는 네팔의 카트만두에서 어린이 노동자들을 만났다. 그리고 다시 인도행 비행기에 올랐다. 다음 목적지는 인도의 바라나시였다. 비행기 안에서 알람이 말했다.

"내일이 벌써 1월 3일이야. 우리 여행의 절반이 지난 셈이지."

바라나시에 머무르는 동안, 캐나다에 있는 엄마에게 뜻밖의 소식을 들었다. 나는 전화를 끊자마자 알람에게 말했다.

"다음 주에 또 다른 캐나다 사람이 인도에 온대요. 누군지 맞혀 봐요!"

알람은 땀에 젖은 티셔츠를 열심히 빨고 있었다. 알람은 고개도 돌리지 않은 채 말했다.

"글쎄. 다른 인권 단체 사람?"

"아뇨, 캐나다 총리 장 크레티앵요!"

"아, 그래?"

알람은 별 관심이 없어 보였다.

"남아시아 순방을 시작한대요. 뭐, 무역이나 정치를 위해서겠죠. 어린이 노동에는 아무 관심도 없을 거예요. 엄마가 그러시는데, FTC 친구들이 놀라운 일을 준비 중이래요. 총리를 비롯한 대표단이 인도로 떠날 때 공항에 가서 어린이 노동에 대한 자료를 직접 전달할 거래요."

알람은 티셔츠를 헹구며 고개를 끄덕였다.

"괜찮은 계획이구나."

"FTC 친구들은 총리가 인도에 있는 동안 만나 보면 좋을 거라고 생각해요."

"누가?"

"당연히 알람이죠!"

알람은 그제야 고개를 홱 돌렸다. 알람의 팔꿈치에서 물이 뚝뚝 떨어졌다.

"FTC 친구들이 총리의 관저로 편지를 보낼 거예요. 알람과 총리의 만남을 요청하는 편지요. 총리가 알람을 쉽게 만나 주지는 않겠지만요."

알람은 젖은 티셔츠를 꽉 비틀었다.

"나도 어린이 노동자들을 도와 달라는 편지를 총리에게 보낸 적이 있어. 꽤 오래전 일이지만. 총리를 진짜 만나게 된다면, 주인공은 내가 아니라 네가 돼야 해."

"말도 안 돼요! 총리는…… 음…… 진짜 높은 사람이잖아요."

하지만 알람의 생각은 확고했다.

그날 밤, 나는 좁고 딱딱한 침대에 누워 총리와의 만남을 상상했다. 총리를 만난다고 생각하면 너무나 떨렸지만, 총리와 어린이 노동에 대한 이야기를 나눈다는 건 좋은 기회였다. 그것도 어린이 노동자들이 많은 인도에서! 그러면 캐나다 정치인들도 어린이 노동에 대해 훨씬 큰 관심을 기울이지 않을까?

다음 날, 우리는 기차를 타고 델리로 떠났다. 델리는 인도 북부에 있는 도시로, 웅장한 이슬람 사원 '자마 마스지드'가 있는 곳이었다. 또 내가 존경하는 마하트마 간디의 묘지가 있는 곳이기도 했다. 남아시아 여행을 떠나기 전 읽었던 여행 책자에는 이렇게 적혀 있었다. 인도에서는 음식과 물을 조심해야 하지만, 기차 안에서 파는 음식만큼은 안전하다고. 나는 신나게 도시락을 주문했고, 하나도 남기지 않고 배불리 먹었다. 그리고 그날 밤부터 엄청난 설사와 구토와 복통에 시달렸다.

우리는 델리에서 FTC가 탄원서를 보내 도와주었던 인권 운동가 카일라시 사티아르티의 집에 머물렀다. 나는 카일라시와 여행 이야기를 나누기는커녕 밤새도록 화장실만 드나들었다. 알람은 걱정이 가득한 얼굴로 가지고 다니던 지사제와 복통 약을 먹여 주었다.

나는 옆으로 누운 채 배를 잡고 끙끙거렸다. 눈을 감자 캐나다에 있는 편안한 내 방과 가족이 떠올랐다. 카일라시의 부인을 보자 엄마가 더더욱 그리웠다. 엄마가 지금 내 옆에 있어 준다면 얼마나 좋을까. 내가 아플 때 이마를 짚던 엄마의 따뜻하고 두툼한 손이 생각났다. 여행을 떠난 뒤 처음으로 집에 돌아가고 싶다는 마음이 들었다.

나도 모르게 눈물이 흘렀다. 내일도 안 나으면 어쩌지? 인도에는 병원도 많지 않다고 했는데. 단순한 장염이 아니라 무서운 전염병에라도 걸렸다면? 과연 집까지 무사히 돌아갈 수 있을까? 엄마도 못 만나고 여기에서 죽는 건 아닐까? 나는 덜컥 겁이 났다.

내 마음을 읽기라도 한 듯 알람의 목소리가 들려왔다.

"내일까지도 안 나으면 병원에 가 보자. 너무 걱정하지 말고 푹 자."

알람의 위로에도 기분은 나아지지 않았다. 나는 숨죽여 훌쩍이다 화장실에 몇 번 더 드나들었고, 완전히 지쳐서 잠에 빠져들었다.

눈을 뜨자 작은 창문으로 쏟아져 들어오는 환하고 뜨거운 햇빛이 보였다. 알람이 핼쑥한 얼굴로 침대 옆에 앉아 있었다. 나를 지켜보느라 거의 눈을 붙이지 못한 모양이었다.

"몸은 어때, 크레이그?"

나는 부스스 몸을 일으켰다. 어제보다는 배 속이 훨씬 편안했다. 알람이 따뜻한 물을 가져다주었다.

"좀 나은 것 같아요."

"오늘은 누워서 푹 쉬고, 묵티 아슈람에는 내일 가자."

묵티 아슈람은 고된 일터에서 탈출한 어린이 노동자들의 쉼터였다. 일정대로라면 알람과 오늘 그곳에 가야 했다.

알람은 더운 날씨에 돌아다니다 내가 또 탈이 날까 봐 걱정했다. 나는 못 이기는 척 침대에 누웠다.

다음 날 아침, 우리는 묵티 아슈람으로 향했다. 이곳에 있는 아이들은 읽고 쓰기와 보다 나은 직업을 구할 수 있도록 목공, 금속 공예, 직조 같은 다양한 기술을 배웠다. 그곳에서 나는 한 남자아이를 만났다. 지금까지 수많은 어린이 노동자들을 만났지만, 그 아이처럼 내 마음을 아프게 한 아이는 없었다.

그 아이의 이름은 나가시르였다. 나와 알람은 나가시르의 이야기를 듣고 싶었지만, 나가시르는 좀처럼 입을 열지 않았다. 묵티 아슈람의 직원이 나가시르의 이야기를 대신 들려주었다.

"나가시르는 어린 남동생을 데리고 카펫 공장에서 일했어. 하루에 열두 시간씩, 수천 개의 작은 매듭을 묶었지. 하루에 먹을 수 있는 건 고작 질척한 콩밥 한 그릇뿐이었어. 그거라도 먹지 않으면 고된 일을 끝낼 수 없었지. 나가시르는 아무리 힘들어도 어린 동생을 지키겠다는 마음으로 하루하루를 버텼어. 공장 안의 어린이들은 서로를 도와 가며 살

앉지. 어린아이들이 울면 나이 많은 아이들이 달래 주었어. 어린아이들이 일을 끝마치지 못하면 모든 아이들이 나서서 도와주었어. 일을 못 끝낸 아이는 가혹한 매질을 당했거든. 어느 날, 나가시르는 동생을 데리고 카펫 공장을 탈출했어. 하지만 결국 붙잡히고 말았지. 사장은 나가시르의 팔과 다리와 목을 쇠막대기로 지졌어. 다른 아이들에게 보여 줄 본보기로. 그 흉터는 아직도 나가시르의 몸에 남아 있단다."

나는 아무 말도 할 수가 없었다. 나가시르는 우리 옆에 앉아 따뜻한 햇볕이 내리쬐는 작은 운동장을 가만히 바라보고 있었다.

직원이 말을 이었다.

"어느 날, 단속반이 공장에 들이닥쳤어. 나가시르는 구출되어 경찰서로 갔단다. 하지만 경찰들은 나가시르의 이야기를 들을 수 없었어. 나가시르는 단 한 마디도 하지 않고, 지금처럼 경찰들을 멍하게 바라보기만 했단다. 나가시르는 결국 이곳으로 보내졌어."

"나가시르는 그때 몇 살이었어요?"

"일곱 살."

"말도 안 돼요!"

화가 나서 몸이 부르르 떨렸다. 알람도 입을 굳게 다문 채 고개를 흔들었다. 직원이 말했다.

"나가시르가 이곳에 온 뒤, 많은 직원들이 나가시르를 정성껏 보살폈어. 3주 정도 지났을 때 나가시르는 조금씩 말을 하기 시작했지. 하지만 지금도 저렇게 멍하니 허공을 바라보고 있을 때가 많아."

나가시르에게 남은 건 몸에 있는 흉터만이 아니었다. 마음속에도 평생 지워지지 않을 상처가 남았다.

나는 나가시르에게 조용히 물었다.

"지금 몇 살이야?"

직원이 내 질문을 통역해 주었다. 나가시르는 고개를 돌리지 않은 채 조용히 대답했다.

"열네 살."

직원이 말했다.

"나가시르가 입을 열기 시작한 뒤, 모두가 깜짝 놀랄 일이 있었단다. 어느 날, 정원에 앉아 있던 나가시르가 나지막이 노래를 부르기 시작한 거야. 그 노래를 어디에서 배웠는지는 나도 모르겠어. 어렸을 적에 들었던 노래일 수도 있겠지."

나는 조심스레 물었다.

"나가시르, 우리에게 그 노래를 한번 불러 줄래?"

나가시르는 잠시 아무 말도 하지 않았다. 그러다 이윽고 천천히 노래를 부르기 시작했다. 노래는 마치 희미한 속삭임 같았다. 나와 알람은 숨을 죽인 채 나가시르의 노래를 들었다.

살고 싶으면, 웃으며 살아요.
사랑하면서 살아요. 울지 말아요.
부디 눈물 흘리지 말아요.
인생에는 폭풍과 재난이 있는 법.
좋을 때도 있고 기쁠 때도 있어요.
하지만 눈물 흘리지는 말아요.

웃으며 살아요. 고통도 삶의 일부니까요.
마침내 우리는 기쁨을 얻을 거예요.
살고 싶으면, 새로운 희망을 품고 살아요.
새로운 포부와 함께 살아요.
사랑하며 살아요.
미소 지으며 살아요.

　나가시르가 노래를 끝내자, 직원이 노랫말을 영어로 통역해 주었다. 내 눈에는 어느새 눈물이 맺혀 있었다. 세상은 왜 이렇게 불공평한 걸까. 캐나다에 있는 내 친구들의 고민은 시험 성적이나 여자 친구, 갖고 싶은 물건에 관한 것이었다.

　이크발의 기사를 읽지 않았더라면 나도 새 운동화를 사 달라고 엄마를 조르고 있을지도 몰랐다. 지구 한쪽에서는 일곱 살밖에 안 된 어린이가 쇠막대기로 몸을 지지는 고통을 겪고 있는데 말이다.

　나는 많은 사람들에게 나가시르의 이야기를 알리기로 마음먹었다. 더 이상 똑같은 일이 벌어지지 않도록. 될 수 있는 한 서둘러야 했다.

12
어린이 노동자와 함께한 기자 회견

캐나다 총리를 따라 수많은 기자들이 델리에 와 있었다. 총리가 나를 만나 주지 않는다면 혼자서라도 기자 회견을 열면 어떨까? 기자들에게 나가시르의 이야기를 들려주면 어린이 노동이 얼마나 심각한 일인지 깨달을 것이다. 물론 말처럼 쉬운 일은 아니었다. 회견장에 아무도 와 주지 않는다면? 온다 해도 내 이야기를 심각하게 들어주지 않는다면? 세상에는 이미 넘치도록 많은 문제가 있으니까.

하지만 나는 나가시르의 이야기가 사람들의 마음을 움직일 거라고 믿었다. 세상에는 좋은 사람들이 더 많다고 믿고 싶었다.

"FTC 친구들이 총리의 관저에 계속 연락했지만, 그곳에 계신 분들은 제가 총리를 만날 수 없다고 했대요. 당연히 바쁘다는 이유였죠. 제가 이곳에서 기자 회견을 열면 총리도 절 만나 줄지 몰라요."

알람은 내 말에 진지하게 귀 기울였다.

"좋아. 한번 해 보자. 기자 회견에서 너 혼자 이야기하고 싶니?"

"아니요! 혼자서는 너무 떨릴 것 같아요……. 알람과 같이 할래요."

"네가 캐나다 어린이 대표로 그 자리에 서는 만큼, 나보다는 인도 어린이 대표가 있으면 좋을 것 같아."

우리는 생각에 잠겼다. 그리고 거의 동시에 외쳤다.

"아즈미타!"

아즈미타는 인도의 인권 운동가 카일라시 사티아르티의 딸이었다. 아즈미타는 지금 열 살이고, 아빠와 어린이 노동 반대 시위에 여러 번 함께 참여했다.

알람이 말했다.

"아즈미타에게 이야기하면 기꺼이 도와줄 거야."

"혹시…… 나가시르도 같이 가면 어떨까요? 나가시르가

직접 자기 이야기를 하는 편이 더 생생하게 들릴 거예요."

"너도 봤다시피, 나가시르는 거의 말을 하지 않아. 많은 기자와 카메라 앞에서 제대로 말할 수 있을까? 떠올리기만 해도 진절머리 나는 기억일 텐데."

알람 말이 맞았다. 자신을 뚫어지게 바라보는 백인 기자들 앞에서 아픈 기억을 되살리는 일은 절대로 쉽지 않을 것이다.

"그래도 한번 물어보자. 나가시르가 거절하면 조르지 말고 깨끗이 포기하는 거야. 알겠지?"

다음 날, 우리는 뜻밖의 소식을 받았다. 나가시르가 기자 회견에 가겠다고 한 것이다! 모한이라는 또 다른 아이도 나섰다. 모한과 직접 이야기를 나누어 본 적은 없었지만, 밝고 말하기를 좋아하는 아이였다.

우리는 델리에 있는 인권 단체의 도움을 받아 한 호텔의 작은 회의장을 빌렸다. 그리고 캐나다에 있는 여러 신문사와 방송국에 팩스를 보내 기자 회견에 대해 알렸다. FTC 친구들도 나섰다. 친구들은 이 기자 회견을 지지한다는 학생들의 서명을 받아 우리에게 보내 주었다. 알람과 내가 머물렀던 인권 단체 사무실의 팩스는 쉬지 않고 울렸다. 나는 흔쾌히 델리로 와 준 아즈미타와 함께 기자 회견 때 읽을 선언문을 준비했다.

드디어 기다리던 날이 왔다. 나가시르와 모한이 묵티 아슈람의 직원과 사무실에 도착했다. 나도 모르게 나가시르의 손을 덥석 잡았다.

"정말 고마워. 네가 함께해 주면 큰 힘이 될 거야."

나가시르는 멋쩍게 웃으며 커다란 눈으로 나를 바라보았다. 알람이 나가시르의 어깨를 감쌌다.

"떨지 말라는 말은 못하겠다. 기자 회견은 경험 많은 정치인에게도 쉽지 않은 일이거든. 네가 겪었던 일을 솔직하게 말하면 돼. 할 수 있겠니?"

나가시르는 고개를 끄덕였다.

우리는 승합차에 몸을 싣고 기자 회견을 할 호텔로 떠났다. 그제야 걱정이 밀려들었다. 기자들이 아무도 안 오면 어쩌지? 기자 회견을 준비하느라 너무 바빠서 그런 걱정은 할 틈도 없었다.

승합차가 호텔 앞에 섰다. 우리가 내리자 기자로 보이는 두 남자가 다가왔다. 나는 깊이 한숨을 내쉬었다. 정말 다행이었다. 두 명이라도, 아예 없는 것보다는 나았으니까.

기자 중 한 명이 딱딱하게 말했다.

"기자 회견이 끝나면 우리는 곧바로 버스를 타야 해. 총리님의 일정을 따라가야 하거든. 정해진 시간을 지켜 주길 바란다."

"그럴게요! 와 주셔서 정말 감사드려요."

우리는 기자 회견을 열기로 한 1층의 작은 회의장으로 들어갔다. 문을 연 순간 나는 멈칫했다. 뒤돌아 방문을 다시 한번 바라보았다. 아무래도 회의장을 착각한 것 같았다. 캐나다에서 가장 큰 방송국들의 카메라가 작은 회의장 양옆에 빽빽하게 늘어서 있었다. 캐나다의 주요 신문사는 물론, 경제 신문사에서 온 기자도 있었다. 너무나 놀라서 다리에 힘이 풀렸다.

"알람…… 이게…… 어떻게 된 거죠?"

알람이 내 어깨를 꽉 잡았다.

"지금 기절하면 안 돼, 크레이그. 이걸 봐. 네가 해냈어!"

나와 아즈미타, 나가시르와 모한은 작은 소파에 나란히 앉았다. 기자들은 표정 없는 얼굴로 우리를 뚫어지게 바라봤다. 심장이 터질 것처럼 뛰었지만 마음을 가라앉히려고 애썼다. 알람이 나가시르에게 했던 말처럼 있었던 일을 솔직하게 이야기하면 되는 거다.

"우선, 이곳까지 와 주신 기자 분들께 감사드립니다. 이렇게 많은 분들이 와 주실 거라고는 꿈에도 몰랐어요. 이쪽은 아즈미타 사티아르티입니다. 유명한 인권 운동가 카일라시 사티아르티의 딸이죠. 그 옆은 나가시르, 모한이에요. 두 인도 소년은 어린이 노동자였습니다. 저희들 먼저 발표한 뒤, 그다음에 질문을 받겠습니다."

아즈미타는 유창한 영어로 자신이 어린이 노동 반대 시위에 참여했던 이야기를 들려주었다. 아즈미타는 기자들의 눈을 하나씩 바라보며 당당하게 말했다.

"이 자리를 빌어 인도 총리님께 이야기하고 싶습니다. 이 나라에서 어린이 노동을 금지해 달라고요. 어린이들을 공장 대신 학교에 보내 주길 바랍니다. 그것이 바로 어른들의 의무니까요."

이어서 내가 말했다.

"남아시아 여행을 시작한 뒤로 수많은 어린이 노동자들을 만났습니다. 그 아이들은 각자 다양한 이야기를 가지고 있었습니다. 그 이야기들은 한결같이 제 마음을 아프게 했지요. 저는 더욱 많은 사람들이 어린이 노동에 대해 알아야 한다고 생각합니다."

나는 FTC에 대해 설명하고, 이크발 마시의 이야기를 했다. 하지만 길게 말할 생각은 없었다. 오늘의 주인공은 나가시르와 모한이었으니까. 나는 보고 들은 것을 말할 뿐이었지만, 두 아이는 힘겨운 삶을 온몸으로 겪었다.

드디어 나가시르 차례가 왔다. 나가시르는 자신을 뚫어지게 바라보고 있는 하얀 피부의 사람들을 잠시 바라보았다. 하지만 곧 작고 낮은 목소리로 이야기를 시작했다. 함께 온 인권 단체의 직원이 나가시르의 말을 한 문장 한 문장 영어로 옮겨 주었다. 나가시르가 자신의 흉터를 보여 주자, 방 안은 쥐 죽은 듯 조용해졌다.

기자들 중 한 명이 물었다.

"네가 불렀다는 노래가 궁금하구나. 우리를 위해 한번 불러 줄 수 있겠니?"

나가시르가 노래를 부르기 시작했다. 수첩을 넘기는 소리조차 들리지 않았다. 모두 숨죽이고 노래에 귀를 기울였다.

다음은 모한이었다.

"저도 카펫 공장에서 일했어요. 날마다 열두 시간씩요. 힘들어서 졸기라도 하면 사장이 때렸어요. 화장실에 갈 때도 무서운 아저씨들이 채찍을 들고 저희를 따라왔어요. 어느 날은 친구 두 명이 공장을 탈출했어요. 사장은 그 애들을 붙잡았고, 결국 죽였죠. 그리고 차에 죽은 애들을 싣고 가서 강에 버렸어요. 나중에 친구의 아버지들이 공장에 와서 아이들을 찾았는데, 사장은 모른다고 잡아뗐어요."

기자들의 표정은 더없이 어두워 보였다. 모한까지 이야기를 마치자, 질문이 쏟아졌다.

"모한에게 묻고 싶구나. 지금 몇 살이니?"

"아홉 살이에요."

"공장에 들어갔을 때는 몇 살이었지?"

"다섯 살이오."

질문을 던진 기자는 자신이 들고 있던 수첩으로 눈길을 떨어뜨렸다. 이 방에 모인 기자들은 대부분 한 아이의 어머니나 아버지일 것이다. 지금 이 순간 캐나다에 있는 자신의 아이들을 생각하고 있지 않을까.

다른 기자가 물었다.

"총리를 만나려고 한 일은 어떻게 되었니?"

"캐나다에 있는 FTC 친구들이 관저로 여러 번 팩스를 보냈어요. 하지만 바빠서 안 된다는 대답만 돌아왔죠. 저는 아직도 총리님을 만나고 싶어요. 총리님과 어린이 노동에 대한 이야기를 나누고, 함께 거리로 나가 어린이 노동자들을 만나 보고 싶어요. 어린이들에게 학교는 다니는지, 공장 일은 어떤지, 과연 일이 즐거운지 물어보고 싶어요."

나는 나가시르와 모한을 가리켰다.

"그 아이들은 즐겁지 않다고 하겠죠. 아니면, 늘 그렇게 살아왔기 때문에 아무 대답도 못할 거예요."

또 다른 기자가 물었다.

"마지막으로 하고 싶은 이야기가 있다면?"

"어린이들도 세상의 불합리한 일에 대해 충분히 목소리를 낼 수 있어요. 우리도 어른 못지않게 생각하고, 고민하고, 행동할 수 있다는 걸 알아주셨으면 해요."

마지막으로 나와 아즈미타는 함께 쓴 선언문을 읽었다. 그리고 미리 준비해 온 복사본을 기자들에게 나누어 주었다. 드디어 기자 회견이 끝났다. 부디 신문과 방송 한두 곳만이라도 우리 이야기를 다루어 주기를.

기자 한 명이 우리 쪽으로 다가왔다.

"이렇게 감동적인 기자 회견은 처음이구나. 나에게도 여섯 살짜리 아들이 있단다. 인도 아이들의 이야기를 듣는 내내 아들 생각이 어찌나 나던지. 총리가 널 꼭 만나 주기를 바라마."

기자들은 생각에 잠긴 얼굴로 짐을 챙겼다. 총리의 일정을 따라가기 위해 서두르는 기자는 아무도 없었다.

13
총리와의 15분

우리는 나가시르와 모한과 작별 인사를 나눈 뒤, 마침내 파키스탄으로 떠났다. 파키스탄은 이크발이 태어난 곳이자, 짧은 삶을 끝낸 나라였다. 나는 그 어느 곳보다 파키스탄에 가 보고 싶었지만, 그곳은 안전한 나라가 아니었다.

캐나다를 떠나기 전, 많은 인권 단체 사람들이 파키스탄에 가는 걸 말렸다. 파키스탄에서는 어린이 노동에 반대했던 많은 사람들이 감옥에 갇혔다. 아니면 이크발처럼 목숨을 잃었거나. 파키스탄 법은 어린이들이 공장에서 일하는 걸 금지했지만, 현실은 전혀 달랐다.

그날 오후, 엄마에게 전화를 했다가 놀라운 이야기를 들었다.

"네 이야기가 신문에 실렸어! 텔레비전 뉴스에도 네 기자 회견이 나왔다니까!"

"정말이에요?"

"그래. 신문사랑 방송국에서 전화가 얼마나 많이 오는지 몰라. 텔레비전에서 네 얼굴을 보니 눈물이 나더라. 크레이그, 살은 왜 그렇게 빠진 거야? 너, 식사는 제대로 하고 다니니? 어디 아픈 데는 없고?"

"엄마, 전 잘 지내요. 방송에서 뭐라고 했어요?"

전화를 끊은 뒤, 나는 생각에 잠겼다. 내 옆에 바짝 붙어 있던 알람이 말했다.

"엄마가 뭐라고 하시니?"

"이상해요. 총리가 우리를 만나기로 했대요. 그런데 왜 우리는 아무 소식도 못 들었죠?"

"기자 회견 다음 날 새벽에 델리를 떠났잖아. 우리에게 소식을 전할 방법이 없었을 거야."

이 기회를 놓칠 수는 없었다. 마침 총리는 우리와 마찬가지로 파키스탄의 수도 이슬라마바드에 와 있었다. 무슨 수를 쓰더라도 우리가 이곳에 있다는 걸 총리에게 알려야 했다. 우리는 이슬라마바드에 있는 인권 단체의 도움으로 총리의 파키스탄 임시 사무실이 있는 호텔을 알아냈다. 사무실로 들어가자 한 여자가 피곤한 얼굴로 수많은 서류를 정리하고 있었다.

"안녕하세요. 저는 캐나다에서 온 크레이그 킬버거라고 해요. 총리님과 약속을 잡으려고 왔어요."

여자는 세상에서 가장 어이없는 말을 들은 듯한 표정으로 나를 바라보았다.

"약속을 잡고 싶다고? 총리님과?"

"얼마 전에 총리님과 만나려고 했는데 실패했어요."

여자가 픽 웃었다.

"당연히 그렇겠지."

"총리님이 마음을 바꿔 저희를 만나기로 하셨는데, 저희가 어디 있는지 모르시는 것 같아요. 혹시 이곳에서 다시 만날 수 있을까요?"

여자의 동료로 보이는 남자가 말했다.

"얘야, 총리님은 그렇게 한가한 분이 아니셔. 이미 모든 일정이 꽉 차 있단다."

남자는 여자보다 친절해 보였지만, 목소리는 단호했다.

하지만 여기서 포기할 수는 없었다.

"메모를 남길 테니 총리님께 전해 주실래요?"

"저 상자에 넣어."

남자가 가리킨 상자는 이미 많은 서류들로 넘칠 듯했다. 그래도 나는 알람이 준 펜으로 짧은 글을 썼다.

친애하는 총리님께

저는 토론토에서 온 열세 살 크레이그 킬버거예요. 며칠 전 델리에서 어린이 노동을 반대하는 기자 회견을 열었어요. 총리님이 저를 만나기로 하셨다고 들었어요. 하지만 제가 델리를 바로 떠나는 바람에 그 소식을 듣지 못했어요. 저는 이슬라마바드에 와 있고, 아직도 총리님을 만나고 싶어요. 만날 시간과 장소를 알려 주시면 감사하겠습니다.

나는 상자를 흘깃 바라봤다.

"혹시 총리님과 가까운 분에게 이 쪽지를 줄 수는 없을까요? 비서나 뭐 그런……."

여자는 기다렸다는 듯이 말했다.

"4층으로 가 봐. 널 도와줄 사람이 있을 거야."

얼른 4층으로 올라갔지만, 그곳에서 만난 사람은 제복을 입은 캐나다 경찰이었다. 우리가 총리를 만나고 싶다고 하자, 경찰은 조금 전 만난 여자보다 더 황당한 표정을 지었지만 다행히 우리를 자신의 사무실로 데려갔다. 경찰은 스피커폰으로 동료에게 전화를 걸었다. 그러고는 프랑스어로 우리 이야기를 했다. 알람과 내가 프랑스어를 안다고는 전혀 생각하지 못하는 듯했다.

"델리에서 총리와의 만남을 놓쳤다는데. 약속을 다시 잡고 싶대."

짧은 침묵 뒤에 동료의 목소리가 흘러나왔다.

"둘이 어떻게 생겼는지 말해 봐."

"한쪽은 열두 살쯤 돼 보이는 남자아이. 다른 쪽은 동양인이고 스물대여섯 살 정도 된 것 같아. 둘 다 영어를 하고."

'프랑스어도요.'라고 말하고 싶은 걸 꾹 참았다.

"전화번호를 받아 놔. 나중에 연락하겠다고 해."

상대방이 전화를 끊었다. 경찰이 말했다.

"네 연락……."

나는 이미 쪽지에 전화번호를 쓰고 있었다.

"여기 있어요. 저도 연락처를 받을 수 있을까요?"

"아니, 우리가 연락하마."

나는 자리에서 일어나며 프랑스어로 말했다.

"메르시 보꾸(정말 감사합니다)."

알람도 말했다.

"오흐 브와(안녕히 계세요)."

우리는 경찰의 멍한 얼굴을 뒤로한 채 사무실을 나왔다.

바로 다음 날, 기다리던 전화가 왔다. 총리의 비서는 1월 16일 아침 8시 30분에 총리와의 만남을 잡아 두었다. 그리고 이야기를 나누는 시간은 딱 15분이라고 했다. 호텔의 어느 방에서 총리를 만날지는 도착한 뒤 알려 주겠다고 했다.

마침내 총리를 만나기로 한 날, 나는 부스스한 얼굴로 눈을 떴다. 떨려서 밤새 잠을 제대로 이루지 못했다. 기자 회견도 잘 해냈으니 긴장하지 말자고 계속 주문을 걸었지만, 총리는 여전히 다른 세상 사람처럼 느껴졌다.

알람이 내 벌건 눈을 보고 말했다.

"총리는 대가족에서 살았어. 총리가 아마 열여덟 번째 아이였을 거야. 집안이 너무 가난해서 19남매 중에 여덟 명만 살아남았대. 총리는 어렸을 때 귓병을 앓았는데 제대로 치료를 받지 못해서 지금까지도 오른쪽 귀가 안 들린대. 안면 마비 증세도 있고, 말도 좀 더듬고."

나는 깜짝 놀랐다.

"정말요? 총리가 말을 더듬는다고요?"

"그래. 아주 유명한 일화가 있어. 한 나라를 대표하는 총리가 말도 제대로 못 한다고 공격받자, 자기는 말은 잘 못하지만 거짓말은 절대로 안 한다고 했대. 총리는 자기만의 노력으로 그 자리까지 오른 사람이야. 가난에 대해서도, 어린이들의 삶에 대해서도 잘 알 테니 아마 네 이야기를 잘 들어 줄 거야."

알람의 말을 듣자 마음이 한결 놓였다. 총리가 따뜻한 표정으로 내 이야기에 귀를 기울이는 모습이 머릿속에 그려졌다.

"그런 말을 왜 이제야 해요, 알람!"

알람은 어깨를 으쓱했다.

"네가 그렇게 떨 줄 몰랐지."

알람과 나는 약속 시간보다 20분 일찍 호텔에 도착했다. 호텔 앞에 있던 기자들이 우르르 몰려왔다. 기자 회견장에서 보았던 낯익은 얼굴도 있었다.

"총리가 어린이 노동자들에게 어떤 조치를 해 주길 바라나요?"

"캐나다로 돌아가면 어떤 일부터 할 생각이죠?"

"다음에 갈 나라는 어디인가요?"

온갖 질문이 쏟아졌다. 나는 될 수 있는 한 솔직히 대답했다. 곧 총리의 비서가 나와서 우리를 4층에 있는 한 방으로 데려갔다.

"들고 온 가방은 이리 주렴. 간단한 필기도구만 가지고 있을 수 있어. 녹음기도, 카메라도 안 돼. 15분을 넘겨서도 안 된다. 내가 눈짓을 보내면 시간이 다 됐다는 뜻이야."

비서는 알람을 흘깃 쳐다보았다.

"총리님과 너, 단둘이 얘기할 거야. 이분은 저쪽 소파에 앉아 있고."

나는 너무 놀라서 외치다시피 말했다.

"안 돼요! 저희 둘이 함께 이 만남을 준비했어요! 남아시아도 같이 다니고 있고요. 이분은 제 보호자나 마찬가지예요. 제발 같이 있게 해 주세요, 네?"

알람이 말했다.

"난 괜찮아, 크레이그. 너 혼자서도 잘할 수 있어. 준비했던 대로만 하면 돼."

총리와 혼자서 이야기를 나누어야 한다고 생각하자 갑자기 너무나 초조했다. 괜히 애꿎은 손톱만 잡아 뜯었다. 총리가 가난한 이들에게 관심이 많은 따뜻한 사람이기를 기도할 뿐이었다.

몇 분 뒤, 방문이 활짝 열리더니 총리가 들어왔다. 총리가 활기차게 말했다.

"반갑다, 크레이그."

총리는 키가 컸고, 숱이 없는 금발 머리는 뒤로 깔끔하게 넘겨져 있었다. 날 보고 웃었지만 작은 눈은 날카로웠다. 아까 알람의 이야기를 들어서인지 웃는 얼굴이 조금 부자연스럽게 느껴졌다. 총리는 옛 친구라도 만난 듯이 내 손을 잡고 즐겁게 흔들었다.

비서가 말했다.

"기념 촬영이 있겠습니다."

나는 총리의 손을 잡은 채 카메라를 바라봤다. 플래시가 번쩍 터졌다. 눈앞에 계속 어른거리는 빛 때문에 얼떨떨한 얼굴로 소파에 앉았다. 총리는 입가에서 미소를 거두고 진지한 얼굴로 나를 쳐다봤다.

"날 몹시 만나고 싶어 했다지?"

알람의 말대로 총리의 말투는 약간 어눌했다. 마음이 왠지 편해졌다.

"총리님은 많이 바쁘신 분이라는 걸 알아요. 시간을 내주셔서 감사합니다."

총리는 재킷 단추를 풀고 소파에 편히 몸을 기댔다.

"네가 만든 단체에 대해 들었다. 어린 나이에 놀라운 일을 해냈더구나."

나는 FTC가 그동안 한 일들에 대해 총리에게 짧게 설명해 주었다.

"총리님도 아시다시피, 캐나다는 예전부터 인권 문제를 중요하게 생각해 왔어요. 이제 어린이 노동에 대해서도 관심을 기울여야 해요. 총리님의 이번 남아시아 순방은 어린이 노동자들에 대해 잘 알 수 있는 기회예요."

총리가 나를 보며 웃음 지었다. 공감의 미소보다는 사무적인 미소에 가까웠다.

"나도 어린이 노동에 대해 알고 있단다. 물론 네가 훨씬 전문가이겠지만. 이 세상에 그렇게 힘들게 살아가는 아이들이 있다는 건 아주 안타까운 일이지. 하지만 크레이그, 나는 지금 손님 자격으로 이 나라에 왔단다. 이곳에서 어린이 노동에 대해 언급할 수는 없어. 이번 순방이 끝나면 남아시아와의 관계가 더욱 돈독해질 거야. 어린이 노동 문제는 그때 가서 생각해 보마."

만족스러운 대답은 아니었다.

"유니세프는 어린이 보호법을 지키지 않는 나라들의 상품은 수입하지 말아야 한다고 해요. 어린이 노동자들이 만든 카펫은 캐나다에서 팔 수 없는 거죠. 그 문제에 대해서는 어떻게 생각하세요?"

"도덕적으로는 맞는 말일 수도 있겠구나. 하지만 무역에 관한 문제는 단번에 바꿀 수 없단다. 캐나다의 프린스 에드워드 섬에서 나는 감자를 생각해 보렴. 그곳 감자는 세계 최고란다. 너도 먹어 봤지?"

"글쎄요. 잘 모르……."

"이렇게 맛있는 캐나다 감자를 수입하지 않는 나라들이 있단다. 왜냐고? 물론 자기 나라의 농작물을 보호하기 위해서야. 스페인 신발도 마찬가지야. 스페인 사람들은 아주 멋진 신발을 만들지만, 모든 나라가 스페인 신발을 수입하지는 않지."

둘 사이에 침묵이 흘렀다. 이해가 안 됐다. 캐나다 감자와 스페인 신발이 어린이 노동과 무슨 상관이란 말인가? 총리는 자기가 낸 수수께끼의 대답을 기다리는 듯한 얼굴로 나를 바라봤다. 몇 분밖에 지나지 않았는데 총리의 얼굴은 아까보다 훨씬 피곤해 보였다. 나는 그제야 깨달았다. 이 자리에서 어린이 노동 문제에 대해 명쾌한 대답을 들을 수 없으리라는 걸.

총리는 너무나 많은 문제에 대해 생각해야 했고, 그 문제 하나하나에는 수많은 이해관계가 얽혀 있었다. 총리는 나를 만나고 싶지 않았을 것이다. 이 나라에서 저 나라로 옮겨 다니며 수많은 회의에 참석해야 했으니까. 어린이 노동에 관심 있는 초등학생을 상대하기보다는 잠깐이라도 소파에서 눈을 붙이고 싶었을 것이다.

나는 총리에게 솔직한 마음을 털어놓았다.

"어린이 노동자들을 만나는 동안 이런 생각이 들었어요. 캐나다에서 태어난 저는 정말 운이 좋았다고요. 캐나다 어린이들이 인도나 파키스탄에 태어났더라면, 학교에 다니는 대신 위험한 공장에서 일했을 거예요. 그래서 어린이 노동 문제가 캐나다 사람들과 아무 상관이 없다고 할 수 없는 거예요. 저는 우리가 그 어린이들을 도와줄 의무가 있다고 생각해요. 총리님도 형제가 많으셨으니 어린이들의 삶에 대해 잘 아시잖아요."

총리는 잠시 생각에 잠긴 듯 고개를 끄덕였다. 하지만 총리가 어린이 노동 문제에 대해서 어떻게 생각하고 있는지는 도무지 알 길이 없었다. 어느새 약속한 시간이 끝나 가고 있었다. 내 마음은 총리를 만나기 전보다 훨씬 더 답답해졌다. 나는 마지막으로 총리에게 부탁했다.

"총리님, 남아시아 정부와 이야기를 나눌 때 어린이 노동 문제에 대해서도 말씀해 주시겠어요?"

"그래. 고려해 보마."

총리 뒤쪽에 앉아 있던 비서가 나를 보며 손목시계를 톡톡 두드렸다. 나와 알람은 총리와 악수를 나누고 호텔을 나왔다. 기자들이 또다시 몰려와 질문을 퍼부었다.

"총리와 어떤 문제를 의논했나요?"

"캐나다는 어린이 노동 문제에 대해 어떤 입장을 취할 생각이죠?"

"총리가 확실한 약속을 해 주셨나요?"

나는 솔직히 대답했다.

"남아시아 정부와 어린이 노동 문제에 대해 이야기하는 걸 고려해 보겠다고 하셨어요. 하지만 그 밖의 약속은 받지 못했습니다."

그때 호텔 문이 열리더니 총리가 아내와 함께 나왔다. 기자들은 총리를 향해 재빨리 달려갔다. 총리가 나를 보며 활짝 웃었다.

"또 만났구나, 크레이그. 이쪽은 내 아내란다."

내가 총리의 아내와 악수를 나누는 동안 여기저기서 카메라 플래시가 번쩍였다. 총리는 곧 고급스러운 리무진을 타고 오토바이의 호위를 받으며 이슬라마바드 거리를 쌩 달려갔다.

알람이 말했다.

"총리가 확실한 약속을 해 주지 않았다고 너무 실망하지 마, 크레이그. 언론의 힘은 강해. 방송에서 너와 총리의 만남을 보도하면, 총리도 어린이 노동 문제를 무시할 수는 없을 거야."

"정말 그렇게 생각해요?"

알람이 내 어깨에 팔을 둘렀다.

"그러기를 바랄 수밖에."

나는 멀어져 가는 리무진을 바라보며 기도했다. 총리가 거리를 유심히 바라보기를. 거리에서 일하는 어린이들을 보며 그들의 마음을 한 번이라도 헤아려 보기를.

14
이크발 앞에서

다음 날, 우리는 파키스탄 동북부의 라호르로 가는 버스에 올랐다. 전날 너무 긴장을 했던 탓인지 아침에 일어나기가 무척 힘들었다. 어느덧 우리의 여행은 보름 정도밖에 남지 않았다. 버스는 먼지 나는 울퉁불퉁한 길을 한참 달리다 작은 식당 앞에 멈췄다.

기사가 외쳤다.

"식사하고 오세요!"

몇몇 사람들이 기다렸다는 듯이 버스에서 내렸다. 배가 고팠던 우리도 가방을 들고 사람들을 따라갔다. 작은 탁자에 앉아 음식이 나오기를 기다리는데 버스에서 함께 내린 사람들이 갑자기 고함을 질렀다.

"무슨 일이죠, 알람?"

창밖을 바라보던 알람의 눈이 휘둥그레졌다.

"가방 들고 나와, 크레이그!"

알람은 사람들과 함께 식당 밖으로 뛰쳐나갔다. 나는 무슨 일인지도 모른 채 가방을 들고 알람을 쫓아갔다. 밖으로 나가 보니, 도저히 믿을 수 없는 일이 벌어졌다. 우리를 내려준 버스가 엄청난 흙먼지를 일으키며 쏜살같이 달려가고 있었던 것이다.

"거기 서요!"

"빨리 돌아와!"

우리는 버스를 따라 온 힘을 다해 뛰었다. 그러자 버스 기사는 보란 듯이 더욱 속력을 높였다. 우리는 숨을 헉헉거리며 버스를 쫓았지만 버스는 눈 깜짝할 사이에 눈앞에서 사라져 버렸다.

알람은 그 와중에도 침착하게 말했다.

"가방을 가지고 내려서 다행이야. 버스에 놓고 내린 거 없지?"

"도대체 무슨 일이죠? 식사하고 오라면서요!"

우리는 땀에 흠뻑 젖은 채 다시 식당으로 돌아왔다. 다른 승객들이 식당 주인과 언성을 높이고 있었다. 그 모습을 가만히 지켜보던 알람이 말했다.

"버스 기사가 이 식당에 손님을 내려준 보답으로 돈을 달라고 했는데, 식당 주인이 거절한 모양이야."

"그렇다고 우리를 두고 떠나 버려요?"

알람은 어깨를 으쓱했다.

"음식이 나왔네. 식사나 하자."

결국 우리는 한참을 기다린 끝에 다른 버스를 잡아탔다.

이크발의 무덤이 있는 무리드케 마을에 도착하기 전, 날은 이미 어둑어둑해졌다. 우리는 마을 어귀에서 한 남자아이를 만났다. 아이는 이크발의 무덤이 있는 곳으로 우리를 안내해 주겠다고 했다. 개 한두 마리만이 불빛 하나 없는 시골길을 어슬렁거리고 있었다.

얼마쯤 걸었을까, 마을의 공동묘지로 보이는 곳에 도착했다. 우리가 흔히 생각하는 공동묘지와는 전혀 달랐다. 초록색 잔디와 규칙적으로 늘어선 십자가와 비석 대신 이끼 낀 붉은색 벽돌 더미들만 곳곳에 쌓여 있었다. 어떤 무덤에도 소박한 나무 십자가 하나 없었다. 묘지보다는 황량한 공사장 같았다.

아이가 벽돌 더미 한 곳을 가리켰다. 나는 가만히 그쪽으로 걸어갔다. 이크발 마시, 내 삶을 완전히 바꾼 소년. 어린이 노동자들을 위해 일한 어린이 노동자. 아홉 달 전에 우연히 이크발의 기사를 본 뒤로, 모든 것이 달라졌다. 기사를 읽을 때만 해도 수천 킬로미터를 날아서 그의 무덤 앞에 서 있을 거라고는 상상도 못 했다.

나는 무덤 앞에 가만히 무릎을 꿇었다. 그리고 벽돌을 조심스레 쓰다듬었다. 이크발이 하늘에서 내 목소리를 들을 수 있기를 바라며 마음속으로 속삭였다.

'네가 없었더라면, 여기까지 오지 못했을 거야. 네가 없었더라면, 아이들의 고통과 눈물에 대해 알지 못했을 거야. 네가 없었더라면, 나는 이만큼 자라지 못했을 거야. 부디 알아줘. 나도 너와 같은 일을 하고 있다는 걸. 절대로 포기하지 않을게.'

나는 천천히 일어섰다. 알람도 고개를 숙인 채 눈을 감고 있었다. 알람이 이크발과 조용히 이야기를 나눌 수 있도록 기다렸다. 이윽고 알람이 눈을 떴다. 어둠 속에서 알람의 눈가에 맺힌 눈물이 반짝였다.

"갈까요, 알람?"

알람이 고개를 끄덕였다.

"그래."

우리는 걸어왔던 시골길을 되짚어 갔다. 버스 정류장에 이를 때까지 우리는 아무 말도 하지 않았다.

다음 날, 우리는 파키스탄의 한 인권 단체에서 일하는 사람을 만났다. 이크발은 이 단체의 지도자였던 사람의 도움으로 카펫 공장에서 탈출했고, 이 단체에서 세운 학교를 다녔다. 직원은 이크발의 어머니가 사는 마을로 우리를 데려갔다. 이크발의 어머니는 여러 색깔이 섞인 기다란 숄을 두르고 있었다. 매우 고단해 보였고, 이따금 멍한 눈으로 허공을 바라봤다. 그리고 직원이 질문을 할 때만 입을 열었다.

내가 말했다.

"저희를 만나 주셔서 감사해요."

직원이 내 말을 통역해 주었다. 어머니는 고개를 끄덕였다.

"이크발은 어떤 아이였나요?"

"이크발은 어릴 때부터 몸이 약했어. 척추도 휘었고, 신장도 안 좋았어. 왜소증도 앓았지. 그래도 밝고 사랑스러운 아이였단다."

"이크발은 왜 카펫 공장에 팔려 갔죠?"

"집에 빚이 있었거든. 하지만 공장에 들어간 첫 해에는 일을 잘 하지 못한다는 이유로 한 푼도 받지 못했어. 거기에 먹고 자는 데 드는 비용이 붙었고, 실수라도 하면 벌금까지 내야 했단다."

이크발이 일한 카펫 공장은 숨이 막히도록 더웠다. 양모의 품질이 상할까 봐 창문을 열지 못하게 했기 때문이다. 그곳에서 일하는 아이들은 다른 아이들과 이야기를 나눌 수도 없었고, 실수를 하거나 도망치다 잡혔을 때는 매를 맞고 어두운 독방에 갇혔다. 이크발은 그곳에서 무려 5년을 보냈다.

"누가 이크발을 죽였다고 생각하세요?"

"경찰은 마을 농부가 어둠 속에서 실수로 총을 쐈다고 했어. 하지만 나는 아니라고 생각해. 이크발이 유명해질수록 카펫 공장 사람들은 그 애를 미워했어. 이크발이 어린이 노동 반대 운동을 시작하면서 카펫이 안 팔리기 시작했거든. 많은 공장들이 문을 닫았지."

"이크발은 어떤 일을 좋아했나요?"

어머니는 잠시 허공을 멍하니 바라보았다. 빽빽이 얽힌 기억 속에서 이크발의 모습을 찾는 듯했다.

"요리. 여동생과 놀 때도 즐거워 보였지."

"이크발이 아직 살아 있다면 이 세상에 있는 어린이들에게 뭐라고 말했을까요?"

어머니의 흐릿한 눈에 잠깐이나마 생기가 돌았다.

"이크발은 수많은 아이들을 힘든 노동에서 구해 줬단다. 그 애는 종종 이렇게 말했어. 어린이는 일하는 존재가 아니라고. 사랑받고, 뛰어놀고, 배워야 한다고."

나는 고개를 끄덕였다.

"어린이 노동자들이 없어지도록 최선을 다할게요. 이크발의 노력이 헛되지 않도록요."

어머니는 다시 허공을 바라보았다. 나와 알람은 어머니에게 인사한 뒤 마을을 나왔다. 이크발의 일은 아직 끝나지 않았다. 세상에는 여전히 수많은 어린이 노동자들이 있다. 나는 이크발의 초라한 벽돌 무덤을 떠올리며, 다시 한 번 마음속으로 말했다.

'약속할게, 이크발. 전 세계 사람들에게 너와 어린이 노동자들의 이야기를 전할게. 절대로 게을러지지 않을 거야.'

15
지금부터 시작!

우리는 파키스탄을 떠나 인도의 마드라스로 향했다. 마드라스는 인도에서 가장 큰 항구 도시였다. 우리는 그곳에서도 많은 어린이 노동자들을 만났다. 중산층 가정에서 하녀로 일하는 베다발리는 하루 종일 음식을 만들고, 청소를 하고, 빨래를 하고, 바느질을 했다. 여주인은 베다발리를 친자식처럼 여긴다고 말했지만, 딸들이 다니는 학교에 보내는 대신 집안일을 시켰다.

주사기 더미에 둘러싸인 채 바쁘게 손을 놀리는 여덟 살 무니아날도 만났다. 아이는 병원이나 쓰레기통에서 수거한 주사기에서 부품을 분리한 뒤 판다고 했다. 아이는 장갑 하나 끼지 않은 손으로 피가 말라붙은 더러운 주사기를 만지고 있었다.

베다발리와 무니아날을 보며 또다시 내가 보잘것없이 느껴졌다. 내가 할 수 있는 일은 하나밖에 없었다. 캐나다로 돌아가 많은 사람들에게 이 아이들의 이야기를 알리는 것. 그래서 하루라도 빨리 이 아이들이 평범한 삶을 되찾게 하는 것. 나는 꼭 그렇게 하겠다고 다짐했다.

마드라스를 떠난 우리는 시바카시를 거쳐 인도 서남부의 케랄라에 도착했다. 케랄라에 오자 FTC 친구 마릴린이 떠올랐다. 케랄라는 마릴린 부모님의 고향이었다.

내가 공부한 바에 따르면, 케랄라는 인도의 다른 지방과 매우 다른 곳이었다. 역사적으로 케랄라는 중국과 서양을 이어 주는 향료 무역의 중심지였다. 이곳 사람들은 외국 문물을 쉽게 받아들였고, 생각도 깨어 있었다. 케랄라 사람들의 열린 사고 방식은 케랄라를 놀라운 곳으로 만들었다. 케랄라 주는 어린이 노동을 엄격히 금지했으며, 약 88퍼센트의 어린이들이 고등 교육까지 받았다. 케랄라는 인도에서 문맹률이 가장 낮은 곳이었다.

거리 풍경도 인도의 다른 지방과 매우 달랐다. 나와 알람은 한참 동안 케랄라 거리를 걸어 다녔지만, 구걸하거나 일하는 어린이들은 한 명도 볼 수 없었다.

"알람, 여기는 천국 같아요."

"그래. 우리가 할 일이 딱히 없어 보이는걸."

심드렁한 목소리와 달리 알람도 흐뭇한 얼굴이었다. 이윽고 우리는 어느 학교 앞에 이르렀다. 수업이 끝났는지 아이들이 교문을 우르르 빠져나왔다. 모두 웃고 떠들며 서로 장난을 치고 깔깔거렸다. 우리는 아이들 몇 명을 멈춰 세웠다.

"혹시 영어 할 줄 아니?"

"당연하지. 학교에서 배우는걸."

아이들에게 내 소개를 하고, 왜 인도에 왔는지 말했다.

"케랄라를 보니 너무 행복해. 인도의 다른 지방들도 이곳처럼 변하면 좋을 텐데. 다른 곳에 사는 어린이들은 힘들게 일하고 있다는 걸 아니?"

아이들은 고개를 끄덕였다.

"응. 선생님이 말해 줬어."

"우리도 그 애들이 행복하게 살면 좋겠어."

"우리처럼 학교에 다니고."

나는 싱긋 웃었다.

"인도에서 어린이 노동을 없애려면 어떻게 해야 한다고 생각하니?"

한 아이가 손을 번쩍 들었다. 아이는 영어로 막힘없이 말했다.

"다른 지방에서도 어린이들을 초등학교에 의무적으로 다니게 하면 좋겠어. 학교도 더 많이 짓고."

내가 말했다.

"맞아. 대부분 그렇게 생각할 거야. 하지만 생각만 가지고는 아무것도 바꿀 수 없어. 직접 행동에 나서야 해."

나는 아까 손을 든 아이를 바라봤다.

"네가 나서 보면 어떨까? 나처럼 친구들과 어린이 노동을 반대하는 모임을 만들어 봐."

"우리끼리? 선생님도 없이?"

우리 주위로 점점 더 많은 아이들이 몰려들었다. 아이들은 호기심에 찬 눈빛으로 나를 바라봤다. 나는 아이들과 하나씩 눈을 맞추며 말했다.

"내가 캐나다에서 만든 FTC라는 단체는 오로지 우리 같은 어린이들로만 이루어져 있어. 우리끼리도 얼마든지 많은 일을 할 수 있어! 사람들에게 어린이 노동 문제에 대해 알리고, 정부나 기업에 편지를 보낼 수도 있어. 거리에서 캠페인을 벌일 수도 있고, 어린이 노동자들을 돕기 위한 바자회를 열어도 좋아."

아이들이 외쳤다.

"공부나 하라고 혼이 날걸?"

"그래도 선생님이 필요해!"

다른 생각을 가진 아이들도 있었다.

"캐나다 아이들이 하면 우리도 할 수 있어!"

"그 애들을 위해 뭔가 해 보고 싶어!"

내가 말했다.

"어른의 도움을 받을 수도 있지만, 꼭 필요하지는 않아. 너희들끼리도 얼마든지 할 수 있어. 나도 처음에는 두려웠어. 난 말도 잘 못하고, 어린이 노동에 대해 아는 것도 많지 않았거든. 그래도 가만히 있을 수는 없다고 생각했어."

아이들은 내 말에 진지하게 귀를 기울였다.

"처음 우리 반 교실에서 친구들에게 도움을 청했을 때, 그렇게 많은 친구들이 날 도와줄 거라고는 상상도 못했어. 그러니 너희도 용기를 내 봐!"

그 아이들이 내 제안을 받아들일지 아닐지는 알 수 없었

다. 그래도 나는 기뻤다. 내 말을 열심히 들어 준 그 아이들이 바로 인도의 미래였으니까.

어느덧 1월 26일이 되었다. 다음 날, 나는 캐나다로 돌아가는 비행기를 타야 했다. 돌아가고 싶지 않았다. 아직 가 보고 싶은 곳도 많았고, 더 많은 어린이 노동자들을 만나고 싶었다. 나는 집으로 전화를 걸었다.

"엄마, 몇 주만 더 있을게요. 아직 할 일이 많아요."

엄마의 대답은 단호했다.

"돌아와, 크레이그. 집을 떠난 지 벌써 7주나 됐어. 더 이상 우리를 걱정시키지 마. 엄마는 네가 여행을 떠난 뒤로 한 번도 편하게 잔 적이 없어."

다른 엄마 아빠였다면 이 여행을 절대로 허락하지 않았을 것이다. 부모님이 큰 결심을 하고 기회를 주었다는 것을 잘 알고 있었다. 나는 그래도 엄마를 계속 졸랐다.

"엄마, 제발요. 딱 1주일만 더 있을게요!"

"학교를 얼마나 많이 빠졌는지 너도 잘 알지? 가져간 수학 숙제는 다 했니? 돌아오자마자 엄청나게 많은 인터뷰가 잡혀 있어. 집에 돌아와도 쉴 수 있는 날은 이틀밖에 안 돼."

"많이 안 쉬어도 돼요! 비행기에서 자도 충분해요. 네?"

침묵이 흘렀다. 허락이 떨어지기를 간절히 기다렸다.

"안 돼, 집으로 돌아와."

전화기를 힘없이 내려놓았다.

알람이 말했다.

"크레이그, 이 정도면 충분해."

다음 날, 우리는 뭄바이에 있는 공항에서 캐나다행 비행기를 기다렸다. 나는 바닥에 앉아 다 끝내지 못한 수학 문제를 풀었다. 알람은 내 옆에서 그동안 찍은 사진들을 넘겨보았다. 문득 알람에게 아직 감사 인사를 못했다는 생각이 들었다. 알람 라만, 최고의 멘토이자 소중한 기회를 준 사람.

"알람, 멋진 여행이었어요."

"그래. 가슴 아픈 일도 많았지만, 재미있는 일도 많았지?"

"절 보고 유령이라고 도망쳤던 꼬마 기억나요?"

알람이 웃었다.

"그래. 그 아이는 무서웠겠지만 난 얼마나 귀엽던지. 아, 그 버스 기억나니? 식당에 우리를 내려 주고 도망친 버스 말이야!"

"인도에서 탄 기차도 잊을 수 없어요. 그 안에서 파는 도시락을 먹고 제가 얼마나 설사를 했는지 기억나요? 기차에서 파는 음식은 안전하댔는데! 그 말을 빼 달라고 출판사에 전화할 거예요!"

우리는 여러 일들을 떠올리며 한참을 웃었다. 알람은 곧 웃음을 멈추고 진지한 얼굴로 돌아왔다.

"크레이그, 지금부터 내가 하는 말을 꼭 기억해. 캐나다로 돌아가면 넌 더 유명해질 테고, FTC도 그만큼 성장할 거야. 하지만 너 자신을 위해서도 시간을 보내야 한다는 걸 잊지 마. 친구들과 쇼핑몰을 쏘다니며 시시껄렁한 이야기도 나누고, 농구도 하면서 아이 같은 시간도 보내야 해."

알람의 목소리에는 진심으로 나를 걱정하는 마음이 담겨 있었다.

"넌 아직 학생이라는 걸 잊지 마. 공부를 게을리해서는 안 돼. 물론 책이 전부는 아냐. 가장 훌륭한 스승은 바로 이 세상이지. 대신 겉모습만 보지 말고 그 안을 자세히 들여다봐야 해. 화려한 쇼핑몰 뒤에서 구걸하는 어린이들처럼."

"캐나다로 돌아간다고 생각하니 이상해요. 과연 예전처럼 살 수 있을까요? 넘쳐나는 물건들, 펑펑 쏟아지는 물, 어디에나 들어오는 전기. 제가 너무나 많은 걸 가진 것 같아 미

안해요."

나는 한숨을 쉬었다.

"남아시아에 올 때보다 캐나다로 돌아가는 지금이 훨씬 떨려요."

앞으로 해야 할 수많은 인터뷰들을 떠올리자 숨이 턱 막혔다. 하지만 이크발과 이곳에서 만난 어린이 노동자들에게 약속했다. 그들의 이야기를 보다 많은 사람에게 전하겠다고. 나는 그 약속을 꼭 지켜야 했다. 왠지 눈물이 나오려는 것을 꾹 참고, 알람에게 진심으로 마음을 전했다.

"고마워요, 알람. 이크발과 알람은 제 인생을 완전히 바꾸었어요."

알람이 큰 소리로 웃었다.

"지금까지 들었던 말 중에 가장 감동적인데!"

나도 웃음을 터뜨렸다.

"알람이 그렇게 크게 웃는 거 처음 봐요!"

그때 캐나다행 비행기에 탑승하라는 안내 방송이 들려왔다. 알람이 내 어깨에 묵직한 손을 올렸다.

"가자, 크레이그. 지금부터 시작이야."

뒷이야기

크레이그 킬버거는 이크발의 무덤 앞에서 했던 약속을 지켰다. 캐나다로 돌아온 뒤 전 세계의 학생, 교육자, 종교 단체, 정부 관리 등 자신의 이야기를 듣고 싶어 하는 곳이면 어디든 달려가 어린이 노동자들의 이야기를 전했다.

크레이그와 친구들이 1995년에 만든 단체 '어린이에게 자유를(FTC)'은 세계 최대의 어린이 청소년 자원봉사 단체로 성장했다. 이 단체는 어린이 노동의 심각성을 전 세계에 알리고, 어린이 노동자들이 가족의 품으로 돌아갈 수 있도록 앞장섰다. 또한 개발 도상국의 어린이들이 배움과 놀이의 즐거움을 누리고 쾌적한 환경에서 건강하게 자랄 수 있도록 학교를 세우고, 우물을 만들고, 의약품을 지원했다. 지금은 자선 단체 '우리(WE Charity)'로 이름을 바꾸어 '나'보다 '우리'의 힘을 강조하는 활동을 이끌고 있다.

크레이그는 전 세계 어린이들의 인권 향상에 기여한 공로를 인정받아 어린이 노벨상으로 평가받는 세계어린이상과 넬

슨 만델라 인권상을 수상했다. 캐나다와 인류 전체에 대한 봉사 정신을 인정받아, FTC를 함께 이끌었던 형 마크와 공동으로 캐나다 정부가 주는 훈장을 받기도 했다. 크레이그는 열아홉 살에 형과 함께 세계에서 가장 어린 노벨 평화상 후보에 올랐으며, 그 뒤로 두 번 더 후보에 올랐다.

'나'보다 '우리'의 힘을 강조하는 모임에 참가한 어린이와 청소년들. 오른쪽 맨 아래에 있는 사람이 크레이그 킬버거이다.

│내가 바꾸는 세상은 불편을 참는 대신 스스로의 힘으로 세상을 아름답게 바꿔 가는
│어린이들의 이야기를 통해 유쾌하고 발랄한 시민 의식의 힘을 보여 줍니다.

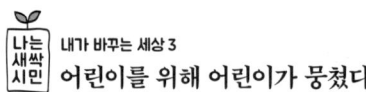

내가 바꾸는 세상 3
어린이를 위해 어린이가 뭉쳤다

처음 펴낸 날 2018년 1월 20일 | 세 번째 펴낸 날 2022년 5월 3일

글 김하연 | 그림 이해정
편집 오지명 | 디자인 효효스튜디오
펴낸이 이은수 | 펴낸곳 초록개구리 | 출판등록 2004년 11월 22일 (제300-2004-217호)
주소 서울시 종로구 비봉2길 32, 3동 101호 | 전화 02-6385-9930 | 팩스 0303-3443-9930
인스타그램 instagram.com/greenfrog_pub

ISBN 979-11-5782-061-0 74810 | ISBN 979-11-5782-035-1 (세트)

이 도서의 국립중앙도서관 출판시도서목록(CIP)은 서지정보유통지원시스템 홈페이지(http://seoji.nl.go.kr)와
국가자료공동목록시스템(http://www.nl.go.kr/kolisnet)에서 이용하실 수 있습니다. (CIP제어번호: CIP2017031958)